U0483853

青春力量丛书编委会

丛书顾问：顾作义

丛书主编：杨　成　涂敏霞

丛书编委会（以姓氏笔画排序）：

王　静　冯英子　匡梦叶　杨　成
吴冬华　何艳棠　邵振刚　罗飞宁
胡　国　钟　良　郭晓英　涂敏霞
谢栋兴　谢碧霞

青春力量丛书

守护的青春
记应急救援青年志愿者

丛书主编　杨　成　涂敏霞
主　编　王　静
副主编　何艳棠　匡梦叶

广东高等教育出版社
Guangdong Higher Education Press
·广州·

图书在版编目（CIP）数据

守护的青春：记应急救援青年志愿者/王静主编.—广州：广东高等教育出版社，2024.5

（青春力量丛书/杨成，涂敏霞主编）

ISBN 978-7-5361-7423-8

Ⅰ.①守…　Ⅱ.①王…　Ⅲ.①青年志愿者行动-概况-中国　Ⅳ.①D432.6

中国国家版本馆 CIP 数据核字（2022）第 253410 号

守护的青春——记应急救援青年志愿者

SHOUHU DE QINGCHUN——JI YINGJI JIUYUAN QINGNIAN ZHIYUANZHE

出版发行	广东高等教育出版社
	地址：广州市天河区林和西横路
	邮政编码：510500　电话：（020）87553335
	http://www.gdgjs.com.cn
印　　刷	广东信源文化科技有限公司
开　　本	787 毫米×1 092 毫米　1/16
印　　张	13.25
字　　数	200 千
版　　次	2024 年 5 月第 1 版
印　　次	2024 年 5 月第 1 次印刷
定　　价	35.00 元

总　　序

　　青年是整个社会力量中最积极、最有生气的力量，国家的希望在青年，民族的未来在青年。建功新时代，青春力量从不缺席。广大青年把志愿服务作为成长发展的重要课堂，在服务青少年、服务社区的生动实践中打磨，在乡村振兴的艰苦环境中淬炼，在应急救援的急难险重任务中挺起青春脊梁。习近平总书记曾多次给青年志愿者写信，勉励他们"积极参加志愿服务，主动承担社会责任"，在志愿服务"青春盛会中展现自己的风采"，"让青春之花绽放在祖国最需要的地方，在实现中国梦的伟大实践中书写别样精彩的人生"。

　　广东是开创志愿服务领域多项全国第一的志愿服务大省，首开全国第一条志愿服务热线"中学生心声热线"、首提系统建设"志愿者之城"……作为全国开展志愿服务重要阵地的广东，青年志愿服务起步早、发展快、质量高，无论在繁华城市，还是在美丽乡村，广东青年志愿者的身影无处不在，他们用青春热血践行"奉献、友爱、互助、进步"的志愿精神。

　　青年处处皆奋斗，青春处处皆榜样。青年志愿者是城市跳动的脉搏，是乡村亮丽的风景。有一种青春叫作闪亮，他们是服务青少年的青年志愿者；有一种青春叫作奋斗，他们是开展乡村振兴的青年志愿者；有一种青春叫作暖心，他们是服务社区的青年志愿者；有一种青春叫作守护，他们是开展应急救援服务的青年志愿者。众多的青年志愿者，他们想人民之所想、解人民之所急、行人民之所嘱，为社会发展凝聚起崇德向善的强大力量。

　　让榜样力量触达青春心灵，是我们用心用情编写"青春力量"丛书，讲好青年志愿者故事的努力和探索。丛书共有4册，分为《闪光的青春——记服务青少年的青年志愿者》《为了美丽乡村——记乡村振兴青年志愿者》《微志愿大社区——记服务社区的青年志愿者》《守护的青春——记应急救援青年志愿者》。丛书共收录56位在服务青少年、乡村振兴、服务社区和应急救援等青年志愿服务领域极具代表性的广东青年志愿者的故事，有扎根祖国边疆助力乡村振兴的"柯兰"（在柯尔克孜语中是"勇敢"的意思，常用来形容"大漠英雄"）姑娘、有坚守雪域高原行医的"仁心医者"，有20多年如一日专注社区志愿服务的"怒放红棉"，有救援足迹遍布全国的"菠萝队长"……他们衣食无忧而不忘奉献、岁月静好而不丢奋斗，让青春在志愿服务中出彩闪光，彰显新时代的青春力量。

  本书由全国首家政府主导建立的专门从事志愿者培训和理论研究的公益机构——广州志愿者学院联合广东高等教育出版社组建编写团队，在共青团广州市委员会的指导下，在广东省志愿者联合会、广东省志愿者行动指导中心（广东省希望工程服务中心）、广州市文明办、广州市志愿者行动指导中心、广州市志愿服务发展中心等单位支持下，用了一年多的时间开展故事采写。我们希望能以青年的视角、温暖的文字，多角度、真实地呈现他们在各领域从事志愿服务生动、鲜活、感人的青春故事，彰显新时代志愿服务的青春风采，镌刻新时代志愿服务的志愿精神。

  青年，不只是人生一个阶段，更是一种精神面貌，蕴藏着无限的发展可能；青春力量，不只是时光的符号，更是每位年轻人蕴含的各式各样的蓬勃力量；志愿服务，不只是一种生活方式，更是一种人生态度，蕴涵着崇高的志愿精神！与青年志愿者同行，让志愿服务成为一种生活方式，共同为全面建设社会主义现代化国家、全面推进中华民族伟大复兴凝聚强大力量！

2023年10月

前　言

　　《守护的青春——记应急救援青年志愿者》是"青春力量"丛书之一。本书将视角对准来自不同行业、不同单位的广东应急救援青年志愿者，聚焦应急救援志愿服务中的温暖点滴和感人瞬间，近距离了解应急救援青年志愿者的服务日常，感受他们是如何用点点爱心谱写出人间大爱，将凡人善举凝聚成文明力量，用"小家大爱"向社会传递温暖。

　　本书从不同视角讲述了广东青年志愿者在应急救援领域的奉献故事，反映了广大青年志愿者认真学习贯彻习近平新时代中国特色社会主义思想，牢记习近平总书记殷切嘱托，积极弘扬和践行社会主义核心价值观，为他人送温暖、为社会做贡献，不断彰显理想信念、爱心善念、担当观念。

　　本书选择了在广东省应急救援志愿服务领域堪为标杆榜样的14位优秀青年志愿者典型，他们中有救援足迹遍布12个省份的救援队队长，有助力城市应急设施布局组网的公共安全义工联合会的秘书长，有医者仁心和志愿爱心相结合的专业医疗志愿者，有获"抗击新冠肺炎疫情青年志愿服务先进个人"称号者，有凝聚港澳台青年力量、融入国家发展大局的高校副教授，有"以译抗疫"的外语教师，有"为爱奔赴"的"临时妈妈"，还有"应急疗心"的心身医学科医生……这14位青年志愿者具有优秀的品质，奉献的是自己的温暖力量，弘扬的是强大的志愿服务正能量，彰显的是理想信念、爱心善念、担当观念！他们想人民之所想，急人民之所急，行人民之所嘱，"毫不利己，专门利人"，秉持着"生命至上，人民至上"的理念，以良好的形象、饱满的精神、优质的服务，展现着新时代广东青年志愿者的新风貌，描绘着奉献服务的华美画卷，谱写着新时代应急救援志愿服务的新篇章。

本书用生动的笔触书写广东青年志愿者在应急救援志愿服务中所展现的光华风采，用温暖的文字镌刻广东青年志愿者在应急救援志愿服务中所体现的志愿精神，讲述他们用责任和担当诠释的应急救援志愿服务感人故事，讲好他们用青春和奉献谱写的中国志愿服务故事，彰显"人民至上"的价值理念，弘扬"奉献、友爱、互助、进步"的志愿精神，为有志于投身志愿服务火热实践中的人们提供服务指引，为新时代中国志愿服务事业发展注入强劲的精神动力，谱写新时代应急救援志愿服务新篇章。

"世上没有从天而降的英雄，只有挺身而出的凡人。"没有生而伟大，只有选择无畏。他们，或身为父母，却久别家人；或身为人师，而以身垂范……在一次次辛勤付出、无私奉献的志愿活动中，他们都只有同一个身份——应急救援青年志愿者。服务过程中，也许要面对他人的不解乃至质疑，承担着超额甚至不是分内的工作，忍耐着酷暑寒冬和骄阳风雨，从一个前线到另一个前线，从一个战场到另一个战场。但是，他们都不惧前难、无怨无悔、步履坚定地继续走在应急救援志愿服务之路上。

万家灯火夜，奋战在前线，"风雨夜归人"是他们最真实的写照。应急救援不同于有时间可用、有章法可循的日常志愿服务，而是一场与时间、与生死的特殊竞速。灾害往往发生在一瞬间，如果救援没有跟上，就会引发后续的各类灾难，而这就是应急救援志愿者致力于应对和解决的问题。多少次，在灾情面前，他们扬起一面面旗帜——他们自己就是一面鲜艳的红旗；多少回，在困难面前，他们发出一声声誓言——"灾情不退我不退，抗灾救灾我争先"；多少次，在危险面前，他们做出一系列行动——转运物资、及时援助、逆行应战。

来吧，让我们一起阅读用青春投身于应急救援志愿服务、用爱心回馈社会的人物故事吧，去感悟志愿精神，体悟志愿服务的魅力，见证向上向善的青春力量吧！

编 者
2023 年 10 月

目　　录

应急救援路上的一颗"菠萝"
　　——菠萝救援队队长王治勇的故事 …………………………… 1
守护家园的青年平民英雄
　　——潮普慈善会救援队杨旭武的故事 ………………………… 18
以"译"抗疫的青年防疫志愿者
　　——"90后"外语教师艾河旭的故事 ………………………… 32
"救"在身边的青春"急救侠"
　　——深圳市公共安全义工联秘书长杨明川的故事 …………… 44
人民至上，生命至上，用专业助力疫情防控
　　——香港籍青年志愿者明伟杰的故事 ………………………… 56
"临时妈妈"让爱不留空白
　　——广州市花都区青年志愿者黄彩云的故事 ………………… 69
"救"你在身边，不留遗憾
　　——东莞市宝屯社区志愿服务队队长卜莎莎的故事 ………… 82
与时间赛跑，为生命拼搏
　　——应急救护青年志愿者梁修飞的故事 ……………………… 95
做防疫志愿服务路上的温暖"大白"
　　——青年防疫志愿者白占宝的故事 …………………………… 113
"南山品牌"医疗志愿服务温暖人心
　　——青年医疗志愿者莫明聪的故事 …………………………… 128

应急救援路上的"专业跑手"
　　——应急救援青年志愿者徐玮杰的故事 …………… 143
青春无悔应急人
　　——中山市应急志愿服务总队总队长温镕庆与"橙衣人"的故事…… 156
应急疗心，守护"心灵防线"
　　——广州医科大学附属脑科医院心身医学科医生张杰的故事 …… 172
让生命之焰接续燃烧
　　——广州市红十字会蓝焰应急辅助志愿服务队队长翁耀佳的故事…… 186
后　记 ………………………………………………………… 201

应急救援路上的一颗"菠萝"
——菠萝救援队队长王治勇[①]的故事

2023 年是菠萝救援队成立的第 11 个年头，创始人王治勇队长在当时可能没有想到，冠以恩人所赠昵称"菠萝"的一支队伍竟能发展得如此之壮大——从草创之初仅有 28 人，还都是物流公司员工的公益救援队伍，能发展成现在的拥有 17 名专职队员、2700 多名志愿者的遍布珠江三角洲地区的更为专业的救援队。

2016 年，赶赴江苏阜宁参与台风救援工作的菠萝救援队

[①] 王治勇，广东佛山菠萝救援队队长，志愿服务时数近 8000 小时，带领队员赴 17 个省开展各类应急救援，曾荣获 2016 年"广东好人"、2016 年"中国好人"、2016 年"全国最美志愿者"、2016 年"中国青年优秀志愿者"、2017 年"广东省道德模范人物"、2017 年"全国道德模范提名奖"。

这支队伍中，除了17名专职在菠萝救援队24小时执勤待命工作的队员外，还有许多的志愿者。他们中既有企业老板、公务员、医生，也有普通白领、大学生、家庭主妇等。当灾难发生时，他们都会以一名"菠萝人"的应急救援志愿者身份走上"前线"。来自四面八方、各行各业的他们，秉持着"哪里有困难，哪里就有菠萝人"的信念。从出征前的一声声"我们"中，便可知道这支队伍的理想何其远大，韧性何其优良，信念何其高尚。

风浪中救援，既救人，更救心

2016年，无论是对这片美丽且富饶的土地，还是刚获升级的菠萝救援队而言，都注定是值得铭记的一年——下半年伊始，极端气候事件频发，台风肆虐，一场场大暴雨自南而北席卷我国大部分地区。与此同时，菠萝救援队刚成为佛山首个获民政局批准的民间救援组织。在风雨之中升格，注定了这支队伍必然要在风浪中磨砺，才能成就更大奉献，将爱和善赓续传承下去。

那一个月时间里，多地发生洪水灾害。洪水摧毁人们的房屋，淹没田里的庄稼，甚至夺去人的生命。洪水无情，但人有情。王治勇二话不说，带领菠萝救援队先后驰援江苏、安徽、福建和湖北四省参与抗洪抢险。"将灾害带来的损失尽可能降到最低，让大家尽快恢复正常的生活，不仅是大家最大的期盼，也是我们最大的喜乐。"

菠萝救援队的前身是成立于2012年的菠萝义工队。肇始于创立者王治勇从"山沟沟"南下广东时碰到的一位老板娘无微不至的善，义工队最开始的工作并不是应急救灾，而是开展一些扶贫助学服务。受当年在山沟里连书都读不起的经历影响，王治勇每当看见那些对知识极度渴求、脸上洋溢着童真的孩子们，总是说"我看到了担当，看到了坚毅，更看到了这个社会、国家未来的希望"。那时，义工队帮助了很多孩子，使他们得以上学接受教育。同时，义工队也开始响应及支援发生在各地的一些重大灾情，如2012年的英德水灾。

英德水灾可以说是一次改变王治勇和整支队伍的命运的救灾活动。受强台风"尤特"环流影响，英德市自2012年8月15日以来出现暴雨、局部大暴雨，境内北江、连江先后超出警戒水位，多达14个镇街不同程度受灾，受灾群众3万多人。王治勇第一时间组织公司员工两次运送物资。当时的一幕至今仍深深地刻在王治勇的脑海里：一名衣衫褴褛的、淳朴的老者，当物资刚发到他的手上，就疯了似的一把抓住，甚至尝试用指甲刮开罐头。他狼吞虎咽，生怕吃慢没了，嘴里还一个劲地道："谢谢，谢谢！"王治勇看在眼里，痛在心里。

这场台风还导致了京广线韶关段多处塌方，途经该路段的火车暂停，受困的一家三口由此滞留在火车车厢里50多个小时，向菠萝救援队求助。当时公路被淹没，救援车无法进入，于是救援队队员划着自制木筏到达现场救援。当看见受困者焦急和期盼的神情化为喜悦和激动的笑颜时，队员们心里的巨石才终于放下了。"狼吞虎咽地吃完了，一点都没剩。那是我生平第一次感受到那种朴实普通却又饱含希望的味道，我至今不能忘。感谢救援队及时送来的物资。"获救家庭的父亲如是说道。这对王治勇的触动很大。

也许是驰援灾区时灾民看见送来的物资时那欣喜的笑颜，也许是被困人员成功获救时眼神里迸射出的光芒，让王治勇改变了想法。他将公司交给妻子打理，自己全身心投入到救援事业中，并且将整个队伍的重心转向了应急救援，"在各种志愿服务中，没有什么比救人于危难更有意义了"。

2016年，菠萝救援队于安徽洪灾中救援转运群众

守护的青春——记应急救援青年志愿者

2016年，菠萝救援队在江苏台风救援现场

2016年6月23日，江苏阜宁遭遇了50年来最严重的强冰雹和龙卷风双重灾害，王治勇带领救援队火速赶往救援。救援车一驶入暴风的中心地，便像进入另一个世界一样。天色骤变，乌云压境，呼啸的大风不停地拍打着车窗，似乎要将救援车整个吹走。救援队刚抵达现场，突然一阵狂风吹过，眼前的一间小平房被掀倒在地。万幸的是，没有人员在内，但大家都面如土色地相互看着，霎时间不知道要做什么，便纷纷将目光投向了冲在前面的王治勇。王治勇紧闭的双唇撇了撇，他毅然转身对大家吼道："赶快去救人！"简短的一声，饱含着对生命的无限尊重之情。以生命挽救生命，是菠萝救援队精神的体现。

2016年是一个不寻常的年份，超强厄尔尼诺事件导致太平洋西北部产生的超强台风"尼伯特"，带着狂风暴雨向我国的东南地区袭来。又由于与汛期、梅雨季节相互作用叠加，其破坏程度加大，福建、安徽等地受到重创。受灾消息一传来，王治勇没有迟疑，星夜兼程，奔赴福建救灾一线。

被暴风雨洗刷过后的地区，黄泥混杂着雨水把地面变成了泥潭，救援队不穿上靴子、防护服，基本蹚不过去。如果说灾害袭来的那一幕是惊人魂魄的，那么灾害发生后的场景则是令人触目惊心的。放眼望去，一片萧然，昔日的生气不再。王治勇没有多加思索，领着队员，一肩扛着沙袋，毅然走进那片黄水中。

忙了整整一个上午，救援工作还算顺利，可以喘息一下。大家坐在台阶前，边"享受""美食"——几罐八宝粥、包装蛋糕和矿泉水，边抓紧时间恢复体力，时刻为即将到来的救援做准备。在各界力量的共同努力下，福建地区的救灾工作开展顺利。而在完成该地区的救援任务后，救援队便迅速赶往下一站——安徽。一站接一站，没有片刻多余的停留与迟疑，救援车搭载着救灾安民的渴望，将"菠萝橙"传遍四方。

2016年，菠萝救援队赴福建闽清进行洪灾救援

2016年7月2日，安徽省安庆市桐城市孔城镇、潜山县王河镇发生水灾。菠萝救援队刚一抵达，便展开救援工作。他们白天顶着太阳在淤泥中行进救援，晚上躺在冰冷的水泥地上休整，平均每天服务16个小时左右，尽心尽力，分文不取。

菠萝救援队花费大量的时间，挨家挨户地转移了154名被困群众。要知道，在积水没及腰部的情况下展开救援转移是极不容易的。当时还下着暴雨，救援用的气垫船难以行进，队员们三五个人合力才将一艘运载数人的气垫船成功地从像海一样的水上运到陆地。

当时还发生了一件感人至深的事。一位93岁的老人在救援队的合力托举下获救后，始终不肯脱下救援队的救生衣。他说："今天无论多少钱也要买下这件'感恩衣'。"王治勇看着他一边笑，一边哭，心中更坚定了信念——将应急救援做下去。

紧接着，来不及听句道谢，救援队便又马不停蹄地驰往湖北省荆门市屈家岭。救援队抵达时已是夜晚。当时，多地被水淹没，积水深不见底。路灯因故障熄灭，两旁的楼房内一片漆黑，被大水浸泡的汽车随处可见，淤泥夹带着垃圾摊积在马路上，多处交通要道无法通行。当地政府担心夜晚救援会有危险，建议救援队第二天再开展救援工作。"但是我们没一个后退的，毅然请战，连夜营救。"王治勇回忆道。

2016年，菠萝救援队在安徽转运93岁高龄的老党员

首先前往救援的对象是因门外积水而无法离开的一家三口。由于外部有铁门阻挡，冲锋舟无法驶入。救援队员探了探水深后，毅然跳进齐肩深的洪水中。救援队员边游边走，来到小女孩的身边，将孩子架在自己脖子上，慢慢往回走送上冲锋舟。这名获救的小女孩惊魂未定，不断地哭泣着，队员们不停地安慰"我们来了，没事的"。救援队第二趟进入时，又将这家的大人接了出来。

整个晚上，救援队就是这样一趟趟地往返，将被困人员送到安全地带。由于停电，照明只能靠头盔上的应急灯。而且大量被水浸泡的汽车，不断发出"嘀嘀"的报警声，令队员们通过对讲机进行的喊话难以被等待救援者听清，救援难度可见一斑。但就是在这样艰苦的环境下，队员

们转移被困群众近千人,给大家带来了生的希望。

在这获救的近千人中,有一位是被困20多小时的高龄孕妇,她被救援的场面真是惊心动魄。"我们当时正划着救援船,挨家挨户地找人。突然间一声尖锐的'救命!救救我和孩子!'传入耳中。"王治勇说当时真的被吓了一跳,"定睛一看,发现是一名顶着西瓜一样大的肚子的妇女,像是有八个月的身孕"。王治勇随即和船上队员商讨救援对策。这名孕妇被困在窗台后,怕过多地行动会伤到肚子里的宝宝。时间不等人,在短暂的商量后,王治勇他们决定先协助孕妇缓慢地从窗口落地,再一步一步将她搀扶至船上。救援队员汗水一直狂飙,既心急,又紧张。成功地将孕妇转移至船上时,这名孕妇止不住地说:"谢谢你们,没有你们,我和孩子都不知道怎么办啊!"

这名孕妇在被救出的第八天顺利产下一名男婴。"只能说,救得及时,累一点,换来了皆大欢喜的结果,肯定是值得的。"王治勇这么回忆道。

在湖北持续多日的救援后,队员们的身体都有点吃不消了,队长王

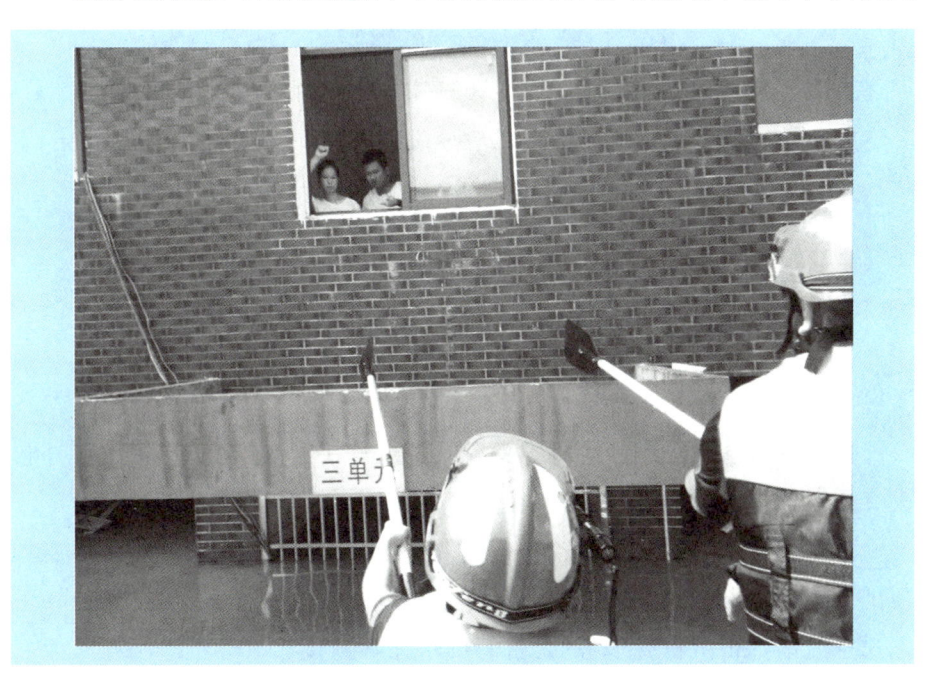

2016年,菠萝救援队在湖北荆门救援高龄孕妇

守护的青春——记应急救援青年志愿者

治勇尤甚。因为接连参加了四个省的救灾，长时间没怎么休息，王治勇体力透支，精神压力过大，身体没扛住，倒在了屈家岭抗洪抢险的现场，昏迷不醒。

"那个时候，我还真有点怕醒不来了。"王治勇笑着说。醒来后，医生一个劲地劝王治勇不要再勉强自己。有过这一番经历，王治勇非但没有放弃的念头，反而更坚定了继续助人、传播大善的决心。

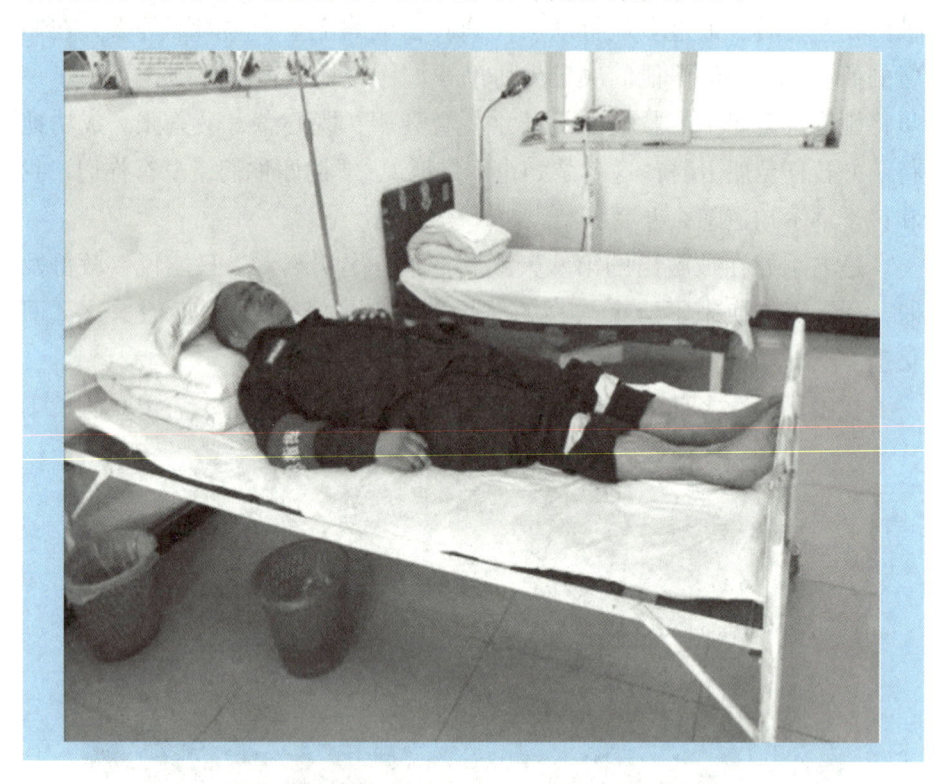

王治勇昏迷在湖北屈家岭救灾现场

这样的接连救灾的经历可不少有，甚至总让家人担心。"每次在外救灾，妈妈都会给我发信息，'要注意身体，回来给我们养老'。"

为了不让家人担心，王治勇有时是等家人睡着后，晚上偷偷跑去救援的。"这种纠结很难受。男人再坚强也是人啊，也有脆弱的一面。"王治勇一时语气很沉重，"真的是含着泪水在奔跑"。

后来，他又"偷偷地"奔跑到前线了，而且这一次在前线面临的是，难以预知的危险——新冠肺炎疫情。

应急救援路上的一颗"菠萝"——菠萝救援队队长王治勇的故事

因为使命在肩，所以冲锋在前

庚子鼠年，新冠肺炎疫情暴发。虽然经过地震、水灾、龙卷风等多种救援行动的考验，菠萝救援队已然历练成了一支经验丰富的队伍，但参与抗击疫情还是第一次。

"自然灾害的救援行动，危险是看得到的。但这次不一样，我们面对的危险是未知的。"王治勇这样说。尽管如此，他还是收到了多份"请战书"，上面红色的手印像是志愿者心头的热血，融化着那个寒冷的冬天。

2020年的大年初一，王治勇带着队员们走上了防疫一线，兵分几路从事防疫工作：在车站等地为旅客市民测量体温，为从湖北返回佛山后居住在酒店的人员提供后勤保障，协助相关部门进行车辆排查工作（十天内排查车辆六万多辆），等等。2月8日后，为响应防疫和企业复工复产两手抓的号召，救援队又成立了防疫消杀分队，并向社会公开承诺：佛山地区只要有500平方米以上的单位，救援队义务消毒，不喝服务对象一瓶水，不吃一盒饭。

菠萝救援队免费为超过500平方米的单位消毒的信息一出，"我的电话都被打爆了。24小时待命的手机几乎是走到哪里响到哪里"。2月12日的时候，消杀服务预约就已经排到了3月份。

"消杀真的免费吗？做得到位吗？"一些疑问也随之而来。但救援队用实际行动进行了最有力的回答，队员们背着重达70斤的装有消毒水的喷雾机出现，圆满地完成了消毒任务，没有收取任何费用，真正做到了不喝人家的一瓶水、不吃人家的一点粮、不拿人家的一根线。"免费不等于随便应付，'菠萝人'从不做形式上的公益。"

有一次，救援队在对一家酒楼进行消杀工作时，酒楼主动提出免费供应饭菜，但王治勇拒绝了。"什么都不需要，我们自己带了干粮和泡面。"他这么回答道。

在这次防疫消杀行动中，王治勇一直秉持着一个信念："我们播撒的

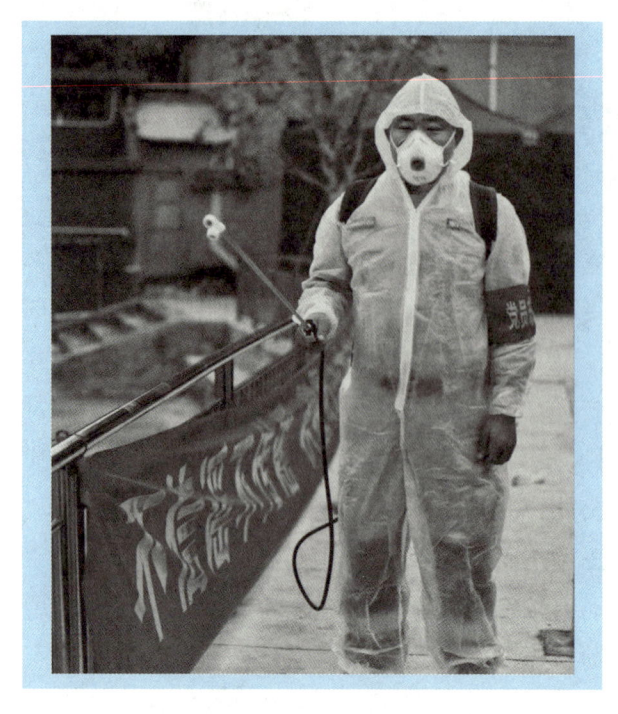

王治勇在进行环境消毒工作

不是消毒水，而是爱的种子。"救援队采取分组协作的方式，一组一天最多可以为8所学校完成消毒工作。救援队队员工作的时候就像"人泡在水里"。为了消毒到各个角落，队员们常常要跪着、趴着喷洒消毒水，完成一系列高难度动作。队员们的肩、背、腿，青紫的青紫，红肿的红肿，手脚被汗水与消毒水沤得布满褶皱。救援队队员每天十几个小时背着几十斤重的消毒水，衣服湿了干、干了湿，活脱脱一个"汗人"。

在此前的一次救援行动中，王治勇的血压飙到了196 mmHg，累倒在了前线，也许是之前早已埋下的病根所致。"只要你继续当这个队长，你的病就难好。"医生这么对王治勇说。但王治勇仍然露出和那次晕倒在湖北屈家岭时一样的爽朗笑容，头也不回地冲到防疫工作最前线，因为"佛山是我年幼的避风港，是佛山这座城市教会了我成长、做人。我要守护好这座城市，不管身体多么不舒服，遇到多大的阻碍"。

"这消毒水背着不重是假的，我深深爱着这座城市——佛山，哪怕累趴下了我也无怨无悔。"王治勇朋友圈里的这段话，便是最好的自述。

一封封请战书、一声声出战声，"逆行"援助的路上多了几十辆车。

坚守是为了阐释信念，不歇是为了践行理念

2021年中，随着汛期的到来，王治勇深知那头熟悉的猛兽——洪水，随时都有可能怒吼、暴发，便提早做好了随时应对危急情况的准备。

2021年5月20日，广东省连州市突发水灾。收到消息后，王治勇随即组织队员赶赴当地参与抗洪排涝。"水浸街"的背后，多了一抹"菠萝橙"。

随后的日子里，四川广安，河南新乡，浙江余姚，山西晋中地区介休、河津等地接连发生水灾。王治勇及菠萝救援队"打满全场"，一场救援都未落下。

"河南7·20特大暴雨"以来，河南郑州、新乡、卫辉、浚县等市县先后遭灾。河南灾情牵动着全国各地人民的心，全国各地共有超过600支民间救援队参与河南抗洪救灾工作，菠萝救援队作为第一批驰援的队伍之一，早早地赶到河南协助抗洪救灾。

2021年，菠萝救援队在河南水灾现场转运被困伤员

在河南新乡的一次救援中，救援队转移完群众、刚踏上返回营地的路，又接到市民的求助。原来，有两位老人想看病，但苦于没有交通工具，无法去医院。由于道路被淹，医院的救护车也无法出动。王治勇听到这里，便赶紧让队员驾驶重型车辆把老人接出来，再转移到救护车上，让病人得以顺利就医。

这样的故事还有很多。75岁的河南新乡市的退休职工程革然，站在还未退却的积水中拍摄了一段致谢视频。视频中他向菠萝救援队深深地鞠了一躬。

这是为什么呢？原来，程革然的夫人瘫痪在床，儿女都在外地工作，无法赶回来协助二老转移。暴雨发生后，老程夫妇被困在二楼无法离开。7月25日，王治勇和队员们用冲锋舟成功地把这对夫妇转运到了县城安全的地方。他因此对救援队感激不已，不仅拍摄了致谢视频，还手写了感谢信以表敬意。在信中，程革然写道："是菠萝救援队的全体同志救了我，我携全家向你们致敬。"

洗澡，是救援期间"奢侈"又幸福的事。25日是救援队抵达河南的第六天，在这六天里，王治勇和队员们都没有时间洗澡，有的甚至连脸也没洗过，一分一秒都用在了救人上。自从洪水发生以来，因长时间浸泡在浑浊、肮脏的水里，不少队员出现了脚部溃烂，身体皮肤红肿、瘙痒难耐的情况。有一次，一位市民遇见救援队员时，主动邀请队员们到他家去洗澡。"那是来这里之后，第一次洗澡啊！对我们来讲是一件很开心也很幸福的事。"王治勇回忆道。

在受灾严重的地区，一位市民前来求助——他的父母已经七八十岁了，而且都有残疾，难以行动，被困在村里没东西吃，希望救援队帮忙。王治勇立刻组织救援队第一时间采取行动。由于情况比较复杂，救援队跟着求助市民进入灾区深处，花了两三个小时才把两位老人转移出来。求助的市民很感动，将父母交给妻子照顾，自己就跟着救援队做些力所能及的工作，一直做到了天亮才回去。王治勇心里暗暗地闪过一个念头：救人救心，以人救人，以心救心。

7月31日，随着新乡、鹤壁等受灾严重地区人员转移等救援任务逐渐收尾，不少救援队在完成任务后，决定撤离河南，毕竟"能做的已经

应急救援路上的一颗"菠萝"——菠萝救援队队长王治勇的故事

做完了"。

"很多人认为洪灾已经过去了,但洪灾实际上还是没有过去。"尤其在位于泄洪区的鹤壁浚县。随着大水退去,炎炎夏日里,水中的细菌和蚊虫开始不断繁殖,排除积水和消杀防疫"两手"工作均刻不容缓。

"暴雨之后很容易引发疫情,我们是带着消杀设备来救援的。越是这个时候,越需要我们发挥作用。"救援队从7月21日自费到河南救灾以来,共有3批队员先后在郑州市区、新乡卫辉、鹤壁浚县进行抢险救灾工作。为了排除积水、还大家干净的饮用水以及解决消杀蚊虫等难题,救援队花费300余万元就地在鹤壁购买了救援车辆、牵引车以及进口抽水机、饮用水净化车等专业救灾设备,"进口抽水机一台就要40多万,比我们的救援车还贵"。

但此时,新冠肺炎疫情态势开始严峻起来。当地政府为了确保救援队人员的安全,曾提出"请救援队中止救援任务,返回佛山"的建议。但看到许多请救援队帮忙排水的求助消息,王治勇考虑到他们来参与救援时就已携带了消杀设备,再加上他们在佛山已积累了一定的抗疫经验,足以使他们应付各种情况,决定带头起草"请战书",留下来帮助村庄重建。全队队员也争着签名按手印,请求留在河南继续进行抗洪救灾。"河南此时正是需要专业援助的时候,我们不能走"。最终,当地政府同意救援队可以继续救援。

2021年,菠萝救援队在河南进行灾后消杀服务

守护的青春——记应急救援青年志愿者

人最美好的姿态就是肩上有担，胸中有责，心中有爱。"我们救援队队员辛不辛苦？""不辛苦！""累不累？""不累！"这是在2021年河南郑州"7·20"特大暴雨灾害基本救援工作结束后，菠萝救援队仍决定留守当地，协助消杀防疫的动员会上感人至深的一幕。

广场上的一声声回应，展现的不只是"菠萝人"慷慨激昂的风貌，更是菠萝队"不抛弃、不放弃"的精神信条；请战书上的一个个红指印，不只落下了"菠萝人"雄厚有力的名字，更定格了菠萝队隽永不变的救援理念。

住在浚县县城的陈永球等志愿者在媒体上得知救援队誓要留守助力重建的事后，从8月中旬开始，便每天从县城驱车15公里到排涝村庄送饭给救援队队员。

"这是要把我们养白吗？"队员朱鹏辉看着陈永球等人送来的面膜、眼贴等护肤品问道。"实在是无微不至啊！他们每天都这样送，也拦不住。"救援队队员穿着队服去买日用品、吃饭要付款的时候，总会有店主热情地拒绝。

王治勇看到这一幕幕温情之景，一时间不知道是笑还是哭，眼泪却已悄然从眼角滑下。"付出很少，收获很多。"

一位村民说，菠萝救援队到村里十多天以来，不仅承担起排涝消杀工作，还不断联系爱心人士和团队向村民捐款捐物。"他们为我们做了那么多，风吹雨淋的，我们村的人和他们菠萝救援队已经是不分你我了。"

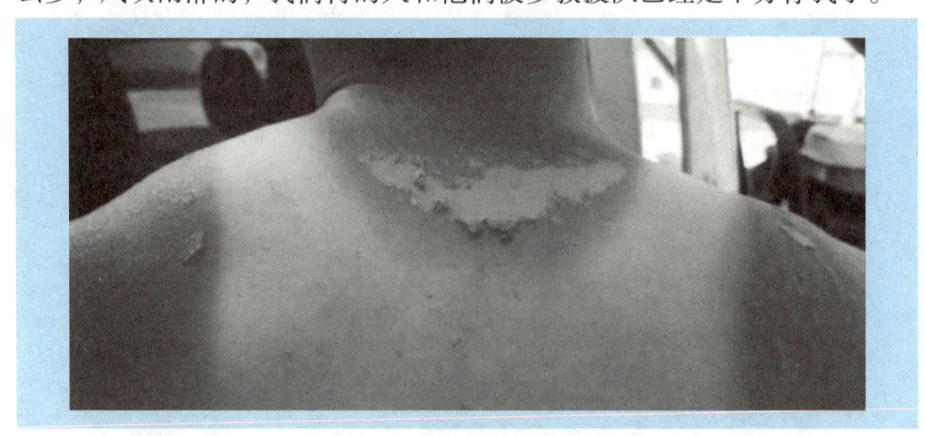

王治勇的后背因连日暴晒而脱皮

应急救援路上的一颗"菠萝"——菠萝救援队队长王治勇的故事

在河南坚守83天后，山西多地也出现持续数天的强降雨，发生较为严重的洪涝灾害，各地救援力量紧急驰援，菠萝救援队也不例外，刚结束河南浚县的救援任务，立马又赶赴山西介休。

"原本计划所有队员回佛山休整，但山西灾情严重，我们决定一批人先回佛山，另外一批人直接转战山西。"王治勇说。从7月20日河南遭遇暴雨开始，菠萝救援队已在河南坚守救援了83天。若从7月7日驰援四川广安抗洪开始计算，则有的队员已经97天没有回家了。

接踵而至的灾情救援行动中，包括王治勇在内的每名队员都高负荷工作。"每个救援队员都面临着身体和心理的双重压力，所谓'养病'，实则'养心'。"王治勇说。

10月的山西，天气已经微带寒意，"我们7月份出发去四川广安救灾时还是大热天，现在一下子就有了冬天的感觉"。菠萝救援队里唯一一个连续作战了97天的队员李林说道。7月以来，李林跟着大部队从四川转战河南，再转战山西，"这里晚上的气温也就四五摄氏度，我们衣服没带够，村里提供了棉大衣"。

任务看似简单，难度却不小。"和河南洪灾相比，山西洪灾中的人员大都提前转移了，人员伤亡较少，但灾后重建的难度却不小。"受灾的村子基本处在地势的低处，排水非常困难，很容易出现河水倒灌和次生灾害，抽水排涝方面的任务非常重。并且山西是全国古建筑遗存最多的省份，此次灾情造成晋祠、天龙山石窟、运城盐池禁墙等古建筑危情不断。鉴于此，救援队认真地勘查现场，结合文物保护的要求，制订了一套完备的救灾方案。在与其他救援队通力合作下，他们最终顺利清理农田与村庄周边的积水与淤泥区域，并逐步向外围扩大救援区域，为群众恢复生产生活提供了保障。

只言片语述不尽大行义迹，方寸片纸写不尽爱与大善。壮美的志愿赞歌背后，离不开苦难的人生历练，离不开那些曾在困难时刻给予帮助的人和事，更离不开这片土地、党和国家的恩情。

用爱与善加油，向着明媚的未来进发

由一辆朴实平凡的货车，到一辆辆装备精良的装备车；从本领不多，到排涝、消杀样样精通；从孤身一人、几乎全家都反对，到拥有17名专职队员、上千名志愿者，全家三代人都参与应急救援：这一切的背后离不开党和政府的领导，离不开"第二故乡"南海的养育以及许多南海人民的帮助，更离不开那潜藏在人心中的大爱。

这么多年来，总有人反复地问王治勇同一个问题："是什么支撑着你在这条公益救援的路上越走越远呢？"王治勇用自己的梦想与追求来作答——"社会的需求、人们的期盼和祖国的富强"。

"今天的中国富裕了，不再是当年愁吃愁穿的时候，更不是像我一样连书都读不上的年代。这当然是缘于中国共产党的英明领导，也离不开全国各族人民的共同努力。国家和政府现在在大力倡导建立共建、共治、共享的社会治理新格局。当下，民间救援团体已成为中国灾害应急救援力量的重要补充，我们有必要协助政府参与到这个共建、共治、共享的社会治理新格局的构建中。"

第二个就是，"不同的时期，不同的地方，大家都有不同的期盼，而我想尽力满足大家的期盼"。第三个呢，是祖国的富强，看看这次疫情防控阻击战就可以知道了。"我们能在这里安居乐业，背后有一个强大的祖国支撑着我们。而我们国家能这么有底气、有硬气，离不开党，也离不开每个奋斗向上的我们。"

同时，"我也深切地感受到'命运共同体'的真正内涵。别说大国之间了，就拿我们人与人来说，不仅仅是熟识的人之间，就算是与第一次见面甚至素未谋面的人同样存在着某种羁绊。我想，鲁迅先生的'无穷的远方，无数的人们，都和我有关'最能体现共同体意识吧"。

应急救援路上的一颗"菠萝"——菠萝救援队队长王治勇的故事

2021年7月,河南受灾市民赠送锦旗给菠萝救援队

光靠一份热心,走不远;只为一份功名,走不了。比专一更厉害的是专心,比热心更伟大的是信仰。每天叫醒王治勇的不是闹钟,也不是压力,更不是生计,而是"身上的责任与使命"。"我付出的很少,收获的却很多。在这条路上,我的心灵得以不断地进化和升华,还给孩子树立了一个好榜样,留下了一笔丰富的精神财富,这样他也算是精神上的'富二代'了。"

痛苦艰难的背后是最好的礼物。"我小时候是在病痛中度过的;少年的时候,因为家庭原因早早出来打工,每天都工作十七八个小时;创业的时候,也遇到了许多的问题。自从踏上应急救援之路以来,妻子的责备、父母的劝退、公司的经营,种种压力都是有的。一路下来,都是含着泪水,微笑着奔跑的。这真的是与孟子所说的'天将降大任于斯人也,必先劳其筋骨'相契合啊。"但是,"不论多大的困难和阻力,我都会坚守初心,生命不息,奉献不止"。

守护的青春——记应急救援青年志愿者

守护家园的青年平民英雄
——潮普慈善会救援队杨旭武①的故事

在汕头市,总能见到一群身穿绿马甲的人第一时间出现在赈灾、水域巡查、疫情防控第一线……他们用志愿服务守护着自己的家园,像点点微光一样照亮着汕头市。他们有一个共同的名字——汕头市潮普慈善会救援队应急救援志愿者。

杨旭武曾是这支队伍的领头羊。作为一名"80后",杨旭武有自己的家庭和事业。而作为汕头本地人,他热爱自己的家乡,更不忘对公益事业的热忱。从2013年起,他便积极投身到应急救援志愿服务行列中。2018年3月,他加入汕头市潮普慈善会,成为慈善会志愿救援队的队长,一直担任到2023年1月。杨旭武带领着潮普慈善会救援队,总是奔赴应急救援最前沿。"这里是我的家乡,守护家园是我的责任!"杨旭武坚定地说。由于常年风吹日晒,杨旭武的皮肤被晒得黝黑发亮,所以被队友们亲切地称为"乌队"。

沧海横流,方显英雄本色

汕头是一座靠海的城市,时常会有强台风或者暴雨来袭。
2018年8月30日,一场持续3日的特大暴雨袭击汕头市,市内的潮

---

① 杨旭武,原广东汕头市潮普救援队队长,现为救援队骨干队员,志愿服务时间近1700小时,曾荣获"汕头好人"等荣誉称号。

守护家园的青年平民英雄——潮普慈善会救援队杨旭武的故事

阳、潮南两区成为一片泽国，多处街道积水成河，最高积水水位达3米多，甚至临近屋顶，其中潮阳、潮南受灾人数达80余万人，是此次暴雨受灾最严重的地区。

"收拾收拾，马上走！家乡人民需要我们。"面对暴雨，杨旭武立即响应政府号召，果断地召集潮普慈善会救援队的应急救援志愿者们，迅速赶往受灾最严重的潮阳、潮南区。

杨旭武的家就在受灾最严重区域附近的潮阳区贵屿镇。他和队伍来到受灾区时，看见家乡平日繁华的街道被洪水淹没，面目全非。由于内涝无法排水，水位已高达3米多深，街道两旁的房屋均已被洪水无情肆虐，随处可见折断的树木、倒塌的广告牌、漂浮的生活物品。看到这种情景，杨旭武的心一下子揪了起来，因为还有不少的老百姓被困家中，需要紧急救援。

杨旭武第一时间"打头阵"，和队友们出动救生艇，在当地村干部的指引下，挨家挨户地进入居民家中搜救。

幸好，暴雨暂歇，杨旭武和队员们小心翼翼地驾驶着救生艇，喊着："卡有南？卡有南？""卡有南"是潮汕方言的"有人吗"。一声声的呼唤在水面上飘荡。突然，远处传来一声"这里有孕妇，快过来"。

杨旭武和队友迅速朝着发出求救声的方向划去，见到一位准妈妈正泡在水中。准妈妈脸上满是汗珠，但眼神却是坚定的。已是父亲的杨旭武内心不禁感叹母爱力量的伟大。为了保证皮划艇的稳定，他奋不顾身地跳入水中，托住艇身，用臂膀的力量协助准妈妈坐上皮划艇，最终顺利把她送到安全场所，交由医护人员照顾。

送走孕妇，杨旭武马上又回到抢险救灾中。杨旭武发现有许多老人因为洪水被困在房子里出不来，要救出就必须将房屋打掉。于是，他和队友小心翼翼地使用破拆工具，把房屋的墙一道道撬开，将房瓦一片片凿开，一趟趟地救出被困的受灾群众。整整五天的时间，杨旭武和队友们一次次地拆墙，一趟趟地往返，一次次地转移受灾群众，最终成功从洪水中转移老弱病残人员2000多名。

由于长时间浸泡在洪水中，杨旭武全身的皮肤已经发白、起皱，有些地方还出现了红斑、瘙痒。尽管身体疲惫不堪，但看到受灾群众获救

守护的青春——记应急救援青年志愿者

后露出的感恩表情,听到他们激动地不断说着"感谢",杨旭武觉得救援服务再苦再累也值!

距离这场暴雨发生半个月时间不到,一场猛烈的强台风又袭击汕头。2018年的9月16日5时,第22号强台风"山竹"登陆广东省。

台风来袭,当普通人在家里避风不出门的时候,杨旭武和队友们却逆风而行,充分发挥"奉献、友爱、互助、进步"的志愿精神,主动选择在风雨中出勤。台风吹倒的是摇摇欲坠的树木,但吹不倒的是杨旭武和队友们展现出的应急救援志愿者的责

2018年8月30日,杨旭武(船上后二)和队员们前往救援

任和担当。当接到电话,得知潮阳贵屿沙溪桥路边一处大树被台风吹倒,严重影响群众出行和周边住户居住安全时,杨旭武立刻驱车前往,进行应急处理。

由于常年在外出勤服务,杨旭武的车上放满了常用的救援工具。

高大的树木倒在路边阻碍来往车辆和路人,身材并不高大的杨旭武果断决定把这棵大树锯成小块。茂密的树叶、大大小小的树杈、微小而锋利的尖刺,稍不留心,徒手上阵的杨旭武就在锯树的过程中被刮出了一条条红色的伤痕。他大汗淋漓地工作着,把树木锯好,并和队友们把一块块的树木块搬离道路,清理阻挡道路通行的树干。结束了服务,杨旭武在洗手的时候,感觉手一阵阵火辣辣的疼,才发现自己手上一道道的伤痕。他笑着说:"大男人这点伤不算什么。为人民服务,做什么事都

守护家园的青年平民英雄——潮普慈善会救援队杨旭武的故事

2018年9月16日，杨旭武在清理被台风"山竹"吹倒在路上的大树

是值得的！"

由于开展应急救援志愿服务的出色表现，杨旭武的专业性得到了许多人的肯定和赞扬，除了在本地开展应急救援志愿服务外，杨旭武还带队前往其他地方，助力当地应急救援。2019年6月9日至13日，广东省河源市中部和北部出现暴雨到大暴雨，局部特大暴雨，最大降雨量出现在连平上坪，达到249.1毫米。受暴雨影响，河源各地不同程度受灾，其中连平、龙川与和平县部分乡镇受灾较严重。

"听说河源这次暴雨情况比较严重，打算紧急动员救援队伍支援河源。你经验丰富，先带几个兄弟打头。"接到潮普慈善会杨会长电话后，杨旭武坚定地回复"没问题！"，随即组织带领十多名潮普慈善会救援队的志愿者，带着应急救援物资，驱车赶赴两三百公里外的河源。

跨市作战，一是不熟悉河源受灾区的基本情况，二是距离远，又是暴雨，驱车前往可不是一件容易的差事。当他们途经龙川的高速时，因特大暴雨的袭击引发的山体滑坡导致大量泥沙以及石块冲到高速路上，阻塞了杨旭武和队友们前进的道路。

守护的青春——记应急救援青年志愿者

高速路无法直达怎么办？车上装载的是受灾群众急需的水、面包、蜡烛、手电筒、消毒水、衣服以及拖鞋等物资。杨旭武想着这可是一车的救命物资，千万不能耽搁在路上，高速路走不了，那就改走乡道。虽然乡道路面狭窄，道路两旁的灯光昏暗，加上在暴雨下能见度低，开车视野变差，非常危险，但为了早日把救灾物资送到当地受灾群众手中，杨旭武毅然决定从乡道上开车运送物资，最终冒着大雨把物资安全运送到了河源市连平县平山。抵达后，杨旭武和队友们没有休息，立马配合当地政府对救援物资进行配送。"到了那里才知道受灾百姓已没有食物吃，我们第一车过去，直接把物资送到受灾的那些居民手中。"杨旭武说。

2019年6月10日，杨旭武（前一）在河源开展洪灾救助

让杨旭武记忆犹新的，是一位独居的六旬老人。"那位老人居住在山里，我们配送物资到他家的时候，才得知他家中已经断电了整整两日，

这两天晚上老人家都是在黑暗中摸黑过的。"杨旭武立马拿出面包和蜡烛等生活物资分给老人。老人家接过面包和蜡烛，脸上满是诧异和惊喜。因为他生活的山区角落比较偏僻，平时都没有什么人走动，在紧要关头时这样一份物资犹如雪中送炭，老人特别感动，连忙握着杨旭武的手，反反复复地说着"非常感谢"四个字。

热心助人团圆，爱照亮回家之路

"找到了！孩子在这里！快过来！"杨旭武激动地发出吼声，牵动大家心弦的揭阳市两岁小孩小烨终于被找到了。截至2018年9月27日下午4点，距离两岁幼童小烨走失已将近一整天。

9月26日下午，家住揭阳普宁南溪镇林尚书村的小烨端着一盆火龙果，坐在家门口的小板凳上吃，另外两个小孩在抢着玩一个书包。就在小烨奶奶进入家里拿个书包，一转眼的工夫，小烨突然不见了，就剩下一个盆留在门边。小烨奶奶急忙在周围找，又赶紧喊上周围邻居帮忙寻找小烨，当时距离小烨走丢已过去了半个小时。

孩子不见了！家里人心急如焚，奶奶更是以泪洗面，不停地自责没有看好孙子。大家一边焦急地到处搜寻，一边向当地派出所报警，并向当地的志愿者求助。许多有应急救援经验的志愿者团队也开始自发组织搜寻行动。杨旭武及潮普慈善会救援队的十多名队员出动，联合当地其他志愿者团队连夜进行搜寻。

"当时这件事惊动了整个潮汕地区，我在朋友圈以及在群里与志愿者的交谈中，也大概了解了一些关于小孩走失的情况。两岁的小孩，刚学会走路，我猜想应该还在村子里，不会也不可能走得太远。"杨旭武分析道，"我们马上调取监控，发现小孩没有走出监控的范围，我们就把搜寻的范围缩小在这个村里。"小烨走失的地方属于比较偏僻的山区，村里的建筑分布得非常不规则，村中仍保留着不少老式茅房，大大小小的水田、果园分布在房屋四周，给搜寻工作带来了不少的难度。

守护的青春——记应急救援青年志愿者

开始搜寻之前,杨旭武反复地查看监控视频并实地勘查,细心地推测小烨可能走失的路线。经过实地勘查,他发现小烨从家中走出来后,会面对一个分岔路口:一条是通往老旧房子的路,而另一条是通往草棚、河边、果园方向的路。起初,杨旭武猜想孩子会不会爬着、走着掉入某个地方无法爬起来,因此他立马带领救援队员一遍遍地毯式地对草棚、草地等较深的地方进行搜寻,用竹竿试探,看孩子在不在草丛、水池里面。

2018年9月27日,杨旭武在村中的草丛中用竹竿寻找小烨下落

寻找小烨的志愿者们把周边村庄翻了个遍,找遍所有农田、山沟,甚至到小溪里打捞,都没有发现孩子的踪迹。时间一分一秒流失!转眼间,搜寻工作已经进行了23个小时,小烨仍下落不明。不仅是小烨的家人,每一位搜寻人员都万分焦急。一路跟着杨旭武的,是小烨的一位村里亲戚,每搜寻一处无果后,亲戚脸上就多一分不安。杨旭武一路上不断地安慰他说:"孩子还那么小,应该走不远的,应该就在这附近,我们一定会找到的!"听到杨队长这么肯定的话语,小烨的亲戚也对找回小烨有了信心。

杨旭武一直想不通,男孩没有走到村外的范围,怎么就找不到呢?带着这样的想法,杨旭武和队友们不辞辛苦,对村内进行了细致的搜索,不放过任何可疑死角。终于,当天15时45分,在第二次对距离小烨家约50米的一座废弃老屋进行搜索时,他们发现了小烨。

找到小烨时,杨旭武兴奋地发出吼声:"小烨在这里!"小烨的亲戚

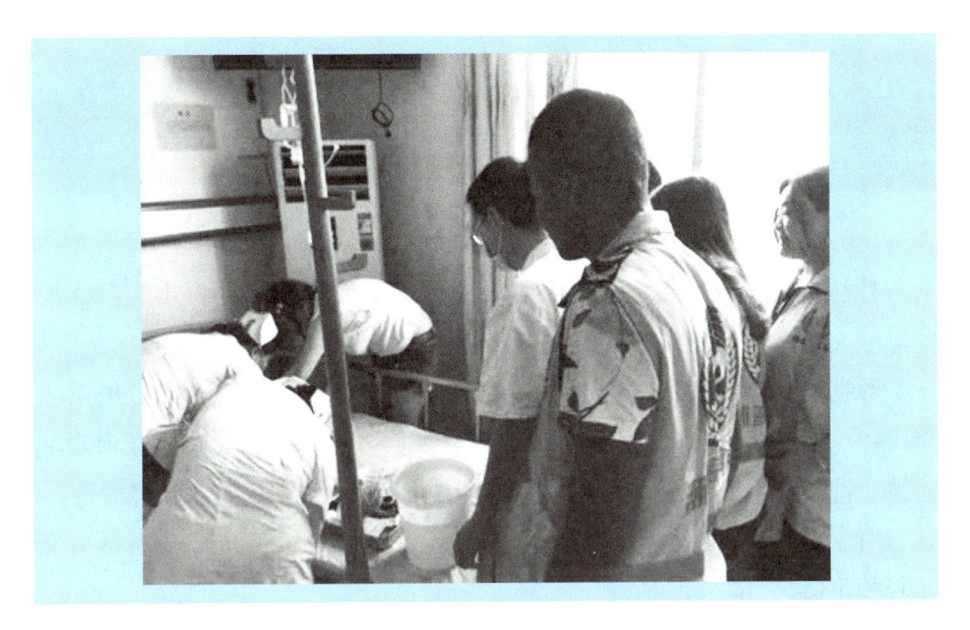

2018年9月27日，小烨被送到医院救治

高兴地跳了起来，附近搜寻人员也一窝蜂激动地冲了过来。小烨正躺在一座老房子的屋里，被压在一块石板下面，脸上沾满泥土，像只小花猫一样灰头土脸的，手臂上血迹斑斑，有几处明显的伤痕。

"看到孩子时，我们兴奋地喊道'找到了'，孩子听到我们的叫声后睁开了眼睛。"杨旭武说，他和队友第一时间把石板从孩子身上挪开，发现小烨精神恍惚，没法走动，也不会哭，马上将其抱上车，送往普宁市洪阳人民医院。

"到急诊后走了绿色通道。"杨旭武说，孩子浑身沾满灰尘、泥土，身上有几处蹭伤。医生做出初步诊断后，给孩子打了点滴补给营养，清洗伤口，抹去身上的泥土。医生表示孩子没有大碍，救援志愿者一颗悬着的心终于放下了。

如今，小烨家人赠送的锦旗仍悬挂在慈善会办公室的墙上。秉持着"热心助人团圆　帮助家人回家"的助人心态，杨旭武所在的汕头市潮普慈善会共接受走失群众家属求助603次，成功找回走失者558人。在杨旭武看来，这是急他人所急，想他人所想，为百姓办实事、做好事的延伸。

守护的青春——记应急救援青年志愿者

水域救援，挽救年轻生命

韩江、榕江、练江是潮汕人民眼中的母亲河。三江孕育出底蕴深厚的潮汕文化，但江河纵横交错，每年的溺水事件也时有发生。

数据显示，我国每年约有 5.7 万人死于溺水，其中少年儿童占 56.04%。儿童防溺水的安全问题不可忽视。"夏天很多人会去江河水域游泳、洗澡或者是捞鱼，一不留意就容易发生意外。"杨旭武叹息着说。

对于杨旭武来说，印象最为深刻的，是人生中第一次成功救活一条年轻的生命。

"2020 年夏天，有一个朋友给我打电话说，有一个六岁左右的小男孩在河边玩耍，不小心掉进了河里。"当听到朋友的求助，杨旭武二话不说就赶了过去。因为时间紧急，他甚至还没来得及和潮普慈善会救援队进行汇报。当他孤身一人赶到现场时，小男孩已经被热心群众从河里捞了上来。小男孩躺在河边，处于昏迷的状态，旁边围着许多群众，而此时救护车还没有到来。

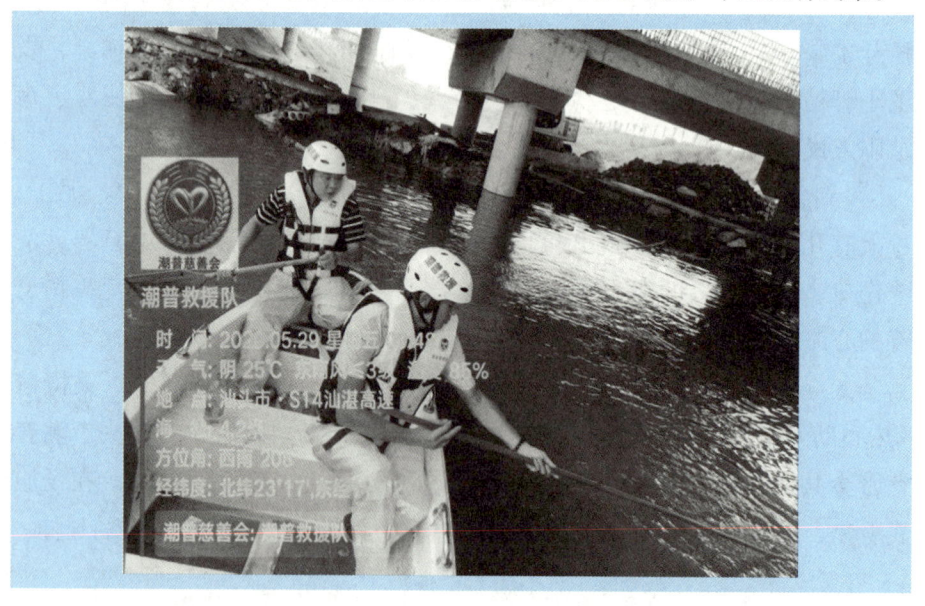

2020 年 5 月 29 日上午，杨旭武（右一）正在开展水域救援行动

现场情况让杨旭武心里"咯噔"了一下:"没有专业人员的处理,错过黄金的救援时间怎么办!千万别又是一场悲剧。"杨旭武内心十分焦虑。原来,虽然杨旭武曾多次到水域执行任务,但也多次因为错过黄金救援时间,打捞上来的是一具具尸体。

杨旭武马上一边大喊"我学过心肺复苏!快散开",一边解开小男孩的衣服,使其平躺在地面上,脑海中不断回想着应急救援培训时所学习的步骤:采用跪式的体位,将一只手的掌根放在患者胸骨中下 1/3 交界处,将另一只手的掌根置于第一只手上,手指不接触胸壁,按压时双肘须伸直,垂直向下用力按压。"一、二、三、四、五、六、七、八……"他反反复复地进行胸外按压、人工呼吸,汗水不停地从额头滴落。他一直坚持到救护车到来,医护人员接手对小男孩的急救。

望着救护车远去的背影,大汗淋漓的杨旭武身上的劲一下卸了下来,庆幸自己平时心肺复苏培训学得扎实,虽然是第一次实操,但没有出错,为成功救回小男孩争取了黄金时间。

杨旭武和救援队的队友们常年携带着各种救援装备在各水域出勤,定期学习应急救援的技巧,只为更好地守护自己的家乡人民,给家属一个交待,还逝者一个尊严!

疫情防控,筑牢保障防线

庚子新春,一场始料不及的新冠肺炎疫情悄然降临神州大地。面对疫情,在党的领导下,各级政府部门迅速行动,无数医护工作者、警务人员、社区人员逆向而行、冲锋在前……只为保护人民群众安全。在这场没有硝烟的疫情防控阻击战中,有着多年应急救援经验的杨旭武,积极响应党和国家号召,第一时间成为抗疫志愿者,并担任团汕头市委牵头成立的汕头青年抗疫志愿突击队副队长。

这年,杨旭武放弃了春节在家陪伴家人的幸福时光,一直坚守在疫情防控志愿服务岗位上。2020 年 2 月,杨旭武带着队员们走上防疫一线,

守护的青春——记应急救援青年志愿者

兵分几路从事防疫工作：在公共场所为市民百姓测量体温，在执勤点为进出村庄人员进行信息登记，协助相关部门进行车辆引导，还在主要路段开展疫情防控宣传工作。2月8日后，为响应防疫和企业复工复产两手抓的号召，助力企业复工，杨旭武主动背起了重达12公斤的喷雾机以及32斤的消毒水。

起初，杨旭武义务去做防疫消杀的想法遭到了妻子的反对，"当时，这边出现了本土确诊案例，对于确诊案例密切接触过的地方，大家心里都是各种不安和心慌，妻子也担忧我将病毒带回家里，给家人造成影响。"妻子不肯放人，怎么办？为了减轻妻子的担忧，杨旭武耐心地一遍遍和妻子解释道："本身我们就是做消杀工作的，病毒绝对不会传染到我们身上来的。同时，政府、村委之前的消杀工作做得很好，操作规范，加上我们会做好各项防护工作，你相信我。"耐不住丈夫的软磨硬泡，妻子最终妥协："去可以，但一定要注意个人防护，一定要多加注意。"就这样，杨旭武在家人的支持下，在街头巷尾开始了消杀工作，一干就是40多天。

2020年初，杨旭武正在学校开展防疫消杀行动

守护家园的青年平民英雄——潮普慈善会救援队杨旭武的故事

早晨天还灰蒙蒙的,杨旭武就出门工作,直到华灯初上才回到家。工作的时候,为了对各个角落进行细致消毒,常常需要半蹲着喷洒消毒水。救援队队员每天穿着防护服、背着几十斤重的消毒水十几个小时,即使在气温较低的2月,他们全身上下也都被汗水浸湿,脸上豆大的汗珠不断流下,说不累是假的。中午吃完饭后,如果天气不热,杨旭武和救援队队员们便立即又投入到消杀工作中,争取尽快把每天的任务完成。遇到天气炎热时,他们午间要为打好下午的"消毒战"养精蓄锐,因此常常能看见他们直接坐在台阶上休息,或坐着坐着因劳累直接就躺在地板上睡着了。

虽然杨旭武身体健壮,平时也有锻炼,但长时间的高强度工作还是压垮了他的身体。这时杨旭武没有选择退缩离岗,而是调整工作岗位,帮忙开车,帮助消杀人员补充消毒药水,协助消杀人员背好消毒仪器,做好后勤保障工作。在2020年初,杨旭武及其救援队不怕苦,不怕累,密切配合、奋勇担当,协助完成190多个社区的公共场所以及260多所学校的消毒喷杀工作,用实际行动筑牢疫情联防联控保障防线,为人民群众提供一个安全环境,为各校师生安全复学保驾护航,得到社区群众和地方政府一致好评。

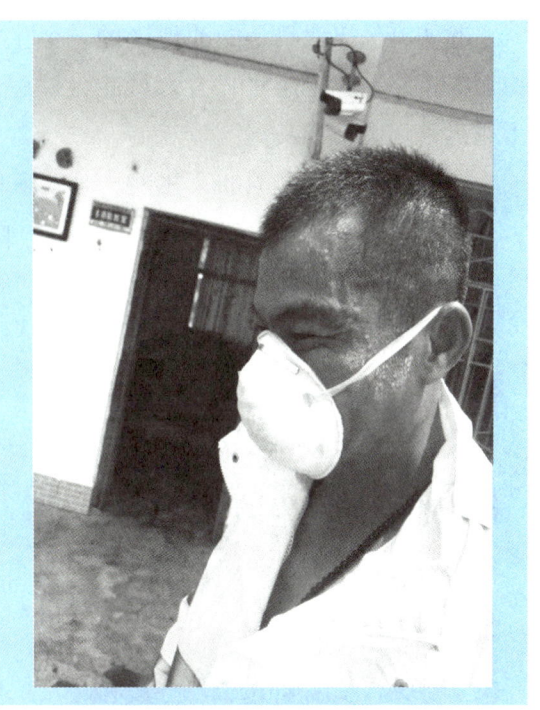

2020年初,杨旭武在完成消杀工作后,脸上已全是汗珠

在这次防疫消杀行动中,杨旭武秉持着这样的信念:"消毒虽小,意义重大。这是一件为社会、为人民服务的好事,是一件非常有意义的大事。"杨旭武的儿子还小,并不了解自己的父亲所从事的志愿服务是什

么，但他看着父亲早出晚归，称赞道："爸爸是一名守护我们健康的战士，爸爸真棒！"杨旭武听了儿子的话后欣慰地笑了，因为在他看来，自己为儿子做了一个好榜样，能够尽自己最大的努力去帮助更多需要帮助的人。

生于潮汕，守护共同家园

起初，杨旭武只是潮汕地区的一名生意人；后来，他在应急救援志愿服务道路上越走越远！有人可能会疑惑，他怎么会在志愿服务这条路上越走越远呢？

在杨旭武看来，潮汕文化的一个重要组成部分是善堂文化。潮汕地区的善堂，是一种民间自发组织的，同时兼具慈善色彩与信仰色彩的民间慈善组织，是慈善文化与潮汕当地特色文化相融合的结果。"有海水的地方就有潮人，有潮人的地方就有善堂。"潮汕善堂在海内外潮汕人心中占有崇高地位。善堂以行善、务实为宗旨，在潮汕大地上已传承上百年。

没有善堂文化所倡导的积善积德的深刻影响，杨旭武可能也不会走到志愿服务这条道路上。从2013年起，在同是从商的杨会长的带动下，杨旭武看到身边的人越来越多地参与到志愿服务的行列，他也深受

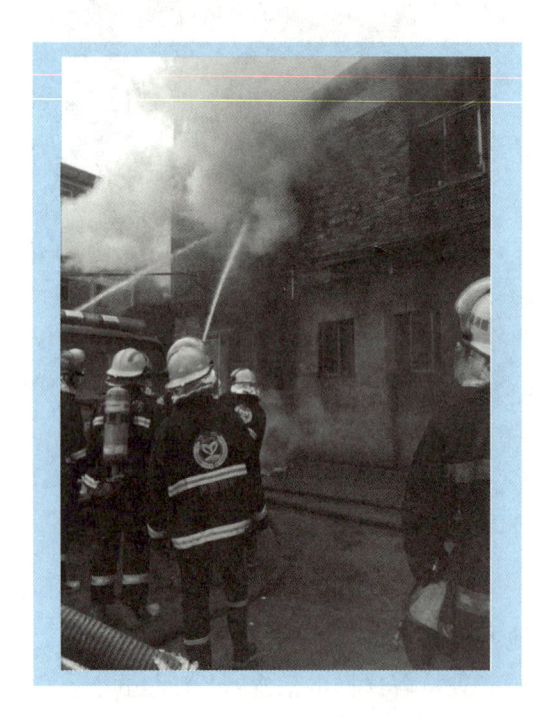

2020年11月11日，杨旭武组织救援队开展消防应急救援

影响，参与了进来。慢慢地，一支穿着绿马甲的专业救援队伍——汕头市潮普慈善会救援队成立了，并由杨旭武担任队长。时至今日，绿马甲俨然成为守护潮汕三市人民的一道亮丽的风景线。

"险情就是命令，救援就是责任。"截至2022年8月1日，杨旭武的志愿时已经超过了1621小时，是一名当之无愧的广东省五星志愿者。此外，他还荣获了广东省新冠肺炎疫情防控志愿服务证书、潮南区陈店镇人民政府和潮阳区谷饶镇人民政府的嘉奖等诸多荣誉。在他看来，获得多少荣誉并不是最重要的，能够从事自己热爱的应急救援志愿服务，帮助到更多的人才是最重要的。

从事应急救援志愿服务以来，让杨旭武深受感动的，不是自己个人曾经挽救了多少人的生命，而是他的善行义举赢得社会的广泛赞誉和好评，还影响了更多的人投身公益，尤其是自己所在的汕头市潮普慈善会救援队伍中，有越来越多来自不同行业、不同地区的志愿者加入进来，组成一支强大专业的应急救援团队，共同守护着潮汕三市这个大家庭。

守护的青春——记应急救援青年志愿者

以"译"抗疫的青年防疫志愿者
——"90后"外语教师艾河旭①的故事

庚子鼠年,我国打响了一场抗击新冠肺炎疫情的"战争"。虽然我国疫情防控形势向好,但世界疫情形势却越来越严峻。当其他国家和地区抗疫需要中国时,有一群"最美国际逆行者",他们远离祖国,四处奔走,践行着大国担当。在支持伊拉克疫情防控中,来自广东外语外贸大学的"90后"教师艾河旭主动站出来,践行"我援'伊',我愿意"的决心与使命,以"译"抗"疫",在海外抗疫一线默默付出。

2020年3月,艾河旭(中间)在伊拉克进行翻译工作

---

① 艾河旭,广东外语外贸大学副教授,志愿服务时数3000余小时,曾荣获"广东好人"、"最美逆行者"、广东省向上向善好青年、抗击新冠肺炎疫情青年志愿服务先进个人等荣誉称号。

急令飞雪化春水，迎来春色满人间。艾河旭用语言架起了国际合作抗疫的桥梁，用翻译向世界传播了中国之声，展现了新时代外语教师的青春风采与责任担当！

紧急出征：临危受命不辱使命

2020年3月4日下午5点，一通电话打破了艾河旭家里的宁静，此时他正在乌鲁木齐的家中为学生上网课备课。

"随省专家团出访伊拉克，越快越好！"电话里被突然告知学校派他出访伊拉克，艾河旭在电话中毫不犹豫地答应了，并当即购买次日回广州的机票。

"当时对本次任务的工作内容是什么、工作多久全然不知。"回想起当时的情景，艾河旭说道。面对未知的任务，家人只说了句："你遵循自己的想法，不用想太多。"带着家人的支持，艾河旭留下一句"不用为我担心"，便匆忙赶回广州。

家人们没有想到，艾河旭匆忙一走竟离家52天，直到从新闻上看到他的采访视频，才知道他出访伊拉克的真正任务。

原来，2020年新冠肺炎疫情发生后，中东国家疫情防控形势不容乐观。应伊拉克红新月会的请求，中国红十字会总会迅速调派由精兵强将组成的专家团队，远赴伊拉克协助其开展新冠肺炎疫情防控。专家团队由中国疾病预防控制中心、广东省红十字会、广东外语外贸大学、广州医科大学附属第一医院、中山大学达安基因股份有限公司、上海联影医疗科技有限公司等单位的人员组成。除了需要与流行性疾病防控治疗有关的专家外，援伊专家团队还需要一名能够流利地进行中文及阿拉伯语两门语言翻译的随队专业人员。而艾河旭作为一名精通阿拉伯语的专业老师，一经号召，便毅然决然地加入赴伊团队中，用自身的语言能力架起国际抗疫合作的桥梁。

对曾在埃及开罗大学度过硕博时光的艾河旭而言，"中东国家算是我的第二故乡，我特别希望能回到曾经求学时的大本营，帮助兄弟国家打赢这场疫情'阻击战'"。此前，精通阿拉伯语的他曾参与过多场大型国际会议的翻译工作，有着丰富的同传翻译经验。正如艾河旭所言："我应该是赴伊团队中作为翻译的最适合的人选。"

当时正是伊拉克疫情严峻之时，且伊拉克的医疗条件并没有国内的成熟及完善，但艾河旭并没有考虑太多，说："我深知此次任务一定十分艰巨，同时充满了危险与挑战，但国家需要我，那我一定不辱使命，用专业知识完成国家安排的任务。"这句话说起来轻松，但背后彰显的却是艾河旭身上的责任感以及集体主义精神。

匆忙离家的艾河旭在等待的时间里尽可能做好各项准备，牢记自己本次为国出征的责任和使命。在机场待命时，由于起飞时间再次推迟，在临时多出来的一天里，为了能更高效、更快捷地进行翻译，协助医疗专家们顺利开展工作，艾河旭利用各种渠道查找了大量的医学资料，包括《新冠肺炎诊疗方案（试行第七版）》，外文局公众号推送的新冠肺炎常用术语及人民网、新华网、CGTN 阿文版关于新冠肺炎的各类新闻，等等，迅速学习、熟悉相关医学词汇，熬夜翻译阿文版的《新冠肺炎诊疗方案（试行第七版）》，在飞行前的短短一天时间里已将此诊疗方案的第一部分翻译完毕。

2020 年 3 月 7 日下午 5 时，带着重达 8 吨的核酸检测试剂盒、其他医疗用品和设备等人道救援物资，艾河旭和医疗专家团队踏上了飞往巴格达的航班，等待他们的是伊拉克无情的病毒和战乱、艰苦的环境以及繁重的工作。

专业力量：搭建中伊抗疫之桥

当地时间 3 月 7 日晚 10 点 30 分，中方援伊医疗专家团队经过长时间飞行，最终抵达伊拉克巴格达国际机场。远行的舟车劳顿、陌生的生活环境、紧张的局势以及对新冠病毒的畏惧似乎没有给艾河旭和队友们喘息的时间。一下飞机，紧迫的工作接踵而来，艾河旭和队友们正式拉开了为期52天在伊拉克工作的帷幕。

艾河旭所在的赴伊专家组是中国支援海外的第二支医疗队，也是当时在海外抗疫时间最长、任务最多、难度最大、面临风险最大的一支医疗队。中国专家团队此行最重要的任务是协助伊方医院建立核酸检测实验室，改建、援建CT实验室并安装医用CT机及X光机等相关医用设备。在我国驻伊使馆的统一安排下，艾河旭迅速调整自身状态，立刻投身工作。

2020年4月，艾河旭（右二）与中央实验室负责人会谈

对核酸检测实验室（也被称为"PCR实验室"）进行改造与重组是艾河旭抵达伊拉克后的第一项重大任务。

"当时，伊拉克自身的实验室条件相当有限，每日检测能力较低，可是伊拉克疫情时刻都在发生迅速变化！PCR实验室的组建任务迫在眉睫，必须马上解决这个问题。"作为团队的随队翻译，每项工作的顺利推进都无法缺少他。艾河旭在抵达伊拉克的第二天上午，就协助专家团队同伊拉克卫生和环境部展开疫情摸底会议，对伊拉克新冠肺炎疫情最新情况、防控措施、现存问题及迫切愿望等问题进行技术性沟通；会后陪同专家团前往巴格达医学城实地查看并对接工作；对接工作结束后，又同核酸检测专家前往实验室大楼实地考察。在短短的一天里，艾河旭连轴辗转多处地方，进行全程的翻译工作。

伊拉克首都巴格达还有一个更让人熟悉的名字——古巴比伦。艾河旭曾经觉得自己可能一辈子都无法触及这片曾经创造过无比辉煌文明的土地，而如今却如此真切地站在了这个满是创伤的地方。2020年，伊拉克除了暴发新冠肺炎疫情外，当时的局势也愈发紧张，人们时常受到流弹的袭击。本就容易出汗的艾河旭，需要在高达30℃的气温下，身穿头戴厚重的防弹衣和头盔四处奔波开展工作，进行长时间的体力和脑力双重劳动。对于他这么个文科生而言，刚开始时体力真的吃不消，每天回来躺在床上倒头就睡，甚至根本没有时间想念家人。

在巴格达工作的每一天都是在和时间赛跑。伊拉克有着大量的工作亟须中方解决。在抵达的最初几日，团队里的每个人每天都承受着巨大的工作压力，常常奋战到深夜，睡眠不足4个小时。艾河旭虽已从事阿拉伯语翻译工作三年有余，也有着丰富的随队同传翻译经验，但伊拉克当地并不以阿拉伯语作为标准语，而是以当地五大方言作为日常交流语言，这种情况一时间也令艾河旭感到满满的压力，尤其是翻译内容涉及大量与新冠病毒诊断和治疗相关的专业的医学术语。

"在执行任务期间，既要面对大量医疗和器械的专业术语，又要了解各地不同的阿拉伯方言，还需要保证翻译的时效性，这太难了。"艾河旭只能通过提前掌握大量常用的医疗术语来解决翻译中遇到的困难。为了尽快进入工作状态，他白天外出工作，晚上回到营地之后，常常利用休息时间给大脑"充电"，学习医疗知识，查找专业术语的表达。如"居家隔离""宵禁"等医疗术语及新生词汇，每个国家的翻译标准都不一样，有的甚至没有现成的翻译，艾河旭只能通过查阅外国新闻网、国内公众号的词语表述以及电子词典，并结合自身理解和生活常识，翻译总结了与新冠肺炎临床症状及防控措施相关的词汇。

在艾河旭看来，短时间内完全掌握全部的术语似乎不太现实，但通过对治疗方案进行翻译，可以迅速掌握固定语用，在实际工作中再融入特殊语境，可减少由方言、文化障碍等因素所导致的翻译偏异。在不到一周的时间里，艾河旭就将《新冠肺炎诊疗方案（试行第七版）》前两章试译成阿拉伯语。

在伊拉克期间，艾河旭协助专家团队共进行了18场官方会谈翻译，与200多名各级官员见面；开展了27次视频培训和面对面交流指导，培训本地医务人员近1000人次；8次到医学城综合医院及新冠肺炎定点医院科室进行临床指导；深入伊拉克9个省区实地指导当地疫情防控工作，遍及大半个国家；开展了15场中资企业员工的新冠肺炎知识讲座，直接受益人数达800人次，远程视频覆盖达11000人次。

2020年3月，艾河旭（左三）与世界卫生组织驻伊拉克代表座谈

回忆起在伊拉克的那段时间，艾河旭常常提到工作的急迫和艰难，"时间紧，任务重"就像是两座大山压在团队所有人的身上。身为团队中唯一的翻译人员，艾河旭投入到工作中的时间和精力比其他人多得多，"其他医护人员在没有任务的时候或许可以休息，但我是团队里的翻译，我不可能和其他人进行轮班，更不能产生因为工作劳累而松懈不去执行任务的念头"。

长期需要进出定点医院、核酸检测实验室，陪同出席会议，工作出勤率的增加也增加了被感染的风险。当时的伊拉克疫情日益严重，在当地30多摄氏度的气温下，艾河旭身穿防护服、隔离衣、护目镜、手套等三级防

守护的青春——记应急救援青年志愿者

护设备,从基地往返国家癌症中心进行2小时的通勤,持续工作高达5小时,无法及时补充水分,工作忙起来顾不上吃饭,生活作息很不规律。

2020年3月中旬时,艾河旭患上了严重的口腔溃疡,虽然一直在服用维生素B,但并不能缓解口腔溃疡带来的不适。但艾河旭从未向队友们及伊方提及过任何自己的困难。他说,在艰难的环境下,大家都干着一样的工作,吃着一样的食物,生活在同样的环境,每个人都有自己的困难,但为了完成工作,大家都要克服困难,更坚决不能产生放弃的念头。就这样,忍着口腔疼痛,艾河旭默默完成了在伊的全部工作。直到回国时,舌头整体已处于溃烂的状态,就医诊断为严重的急性咽喉炎,医治调养近二十天才得以康复。至今,他的鼻子上还留有由于长期佩戴护目镜导致鼻梁受压溃烂所留下的疤痕。

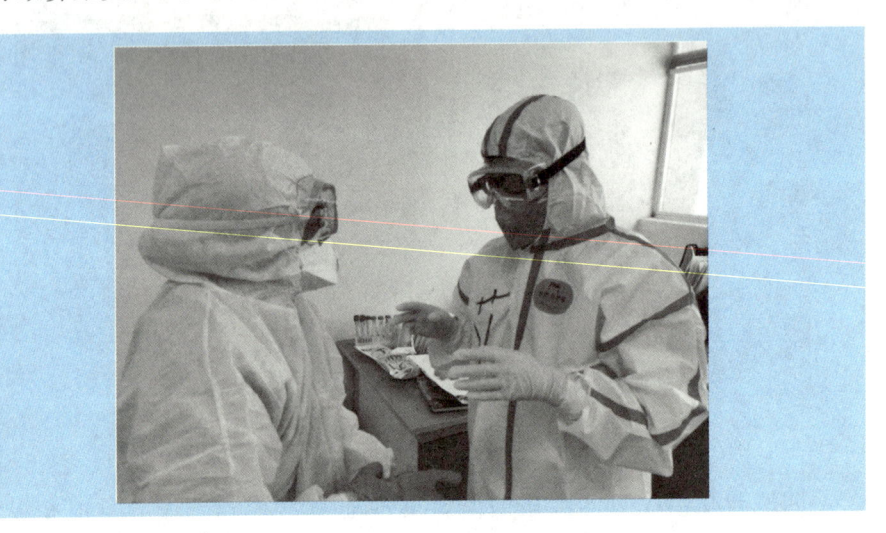

2020年3月,艾河旭(右一)向PCR实验室检测员咨询检测情况

2020年3月,艾河旭(左一)培训伊方人员使用检测仪器

以"译"抗疫的青年防疫志愿者——"90后"外语教师艾河旭的故事

身兼数职：践行志愿精神

在伊拉克的工作繁多，但人手严重不足，在承担繁重的翻译工作的同时，艾河旭这个"90后"还主动接过团队里的其他工作，"当时国际疫情愈发严重，伊拉克的工作不能被动地等着国内援助。由于人手不够，大家都只能硬着头皮把工作'扛'在自身肩上，即使不是自己分内的工作"。作为一名援助伊拉克的国际志愿者，艾河旭深知在做好本职翻译工作之外，更是要时刻践行"奉献、友爱、互助、进步"的中国志愿精神，协助团队做好力所能及的事情。就这样，哪里有需要，艾河旭就出现在哪里。他"身兼数职"，承担起物资的搬运工、设备的安装员、队伍的联络员、工作的协调员等职责。

人手不够？"我来。"此次出征，专家团携带了大量核酸检测试剂盒、医疗用品和检测设备等重达8吨的救援物资。由于物资多，人手少，检测试剂又需尽快冷藏储备，艾河旭同专家们一下飞机就装卸、清点、整理、运送各类物资和设备。

协调工作？"我来。"当时，正值伊拉克新冠病毒无情肆虐之际，新冠确诊病例已遍布伊境内各省，并呈现出多点爆发的趋势。为了尽快提升伊拉克核酸检测能力，必须当即对实验室进行选址改建，巴格达医学城的实验室必须在48小时内改造完毕。由于时间紧，改造难度大，艾河旭当即与团队成员、与担任实验室负责人的伊方人员不断地进行协商、沟通。最终，两天后，在中方和伊方团队的共同努力下，我国海外援建的第一间PCR实验室在伊拉克顺利运营。远征海外的艾河旭内心油然升起一丝幸福和温暖，之前的辛苦付出得到了实际的回报，正如他说的："每一滴流过的汗水、每一句话语，在现在看来，都是值得的！"

安装设备？"我来。"在为PCR实验室人员做培训翻译的同时，艾河旭还要陪同专家前往伊拉克国家癌症中心——新冠肺炎康复中心所在地进行实地考察，着手对CT室进行选址、改造，开展影像学培训、X光机

守护的青春——记应急救援青年志愿者

2020年4月，艾河旭（左二）与PCR实验室主任商讨核酸检测方案

调试及培训等工作。CT机运来时，从机场搬运器材、拆箱到组装工作的每一步都是艾河旭和团队一起从头到尾参与进来的。因为安装师无法抵达，专家团队只能硬着头皮顶上。他们在安装师傅的远程指导下，参照整整300页的安装资料，打钢钉、打地线、弄线槽，如果中间有一个步骤安装错误，1.5吨的机器就得拆了重装。就这样，艾河旭和团队反反复复翻阅安装资料，折腾了十几天后，终于安装好了CT机。CT机的顺利运转，标志着中方团队在伊最后一项任务的圆满完成。

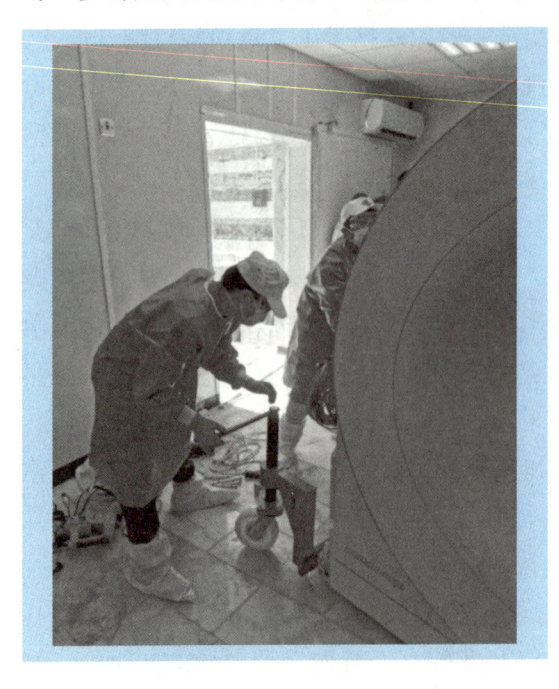

2020年4月，艾河旭（左一）在安装CT机现场工作

伊方工作人员被艾河旭及其团队身体力行、高度认真的工作精神、不畏艰难的

抗疫精神深深感动，对团队高度赞赏并说道："是人道主义精神让中国人和我们团结在了一起，你们是世界人民的典范！"

在一次核酸检测实验室的培训任务结束后，艾河旭和另外几名专家在附近的小商店采购了一些物品。他离开小卖店后，后面传来一阵小跑的声音，原来是小店老板听到艾河旭说的阿拉伯语感到特别亲切，得知前来购买物品的人员是来自中国的援伊医疗团队，特地追了过来，塞了一大包糖果，希望以此表示感谢。那一瞬间，一股暖流涌上艾河旭的心头。小店老板只是一位普通的伊拉克百姓，他用朴实的行动表达着对中国志愿者的谢意。

伊拉克人民的每一抹微笑、每一个点赞手势以及与艾河旭他们的每一次合影，都让艾河旭深有感触，"没有他们的肯定，我可能坚持不了这么久。这次的经历也让我深深认识到，世界之间早已不分你我，我与阿拉伯人之间的感情就像是家里人一样，我很希望伊拉克的局势变得更平稳一些，也很希望我们的援助能够帮到他们"。

光荣入党：时刻为党和国家而奋斗

2019年7月1日，艾河旭向党组织郑重提交了入党申请书，并被批准成为一名入党积极分子。从那时起，他一直不断加强自身理论学习，定期向党组织递交思想汇报。即使是在异国他乡的伊拉克，艾河旭也从未间断过向党组织靠拢的步伐，不忘加强自身的理论学习和党性教育。

经上级党组织批准，中国援助伊拉克防治新冠肺炎医疗专家组就地成立了临时党支部。作为入党积极分子，艾河旭每天都列席参加临时党支部的各项组织活动，每周参加使馆举办的党日活动和党支部学习，按时向学院党组织和学院领导汇报工作，定期向党组织递交思想汇报。争取早日入党，极大地激起了艾河旭心中的责任感。他坦言："我们党和国家真的很伟大，在伊工作的外交人员和援伊团队克服诸多障碍，同伊拉克人民建立了深厚的友谊。这给了我很大的鼓舞，觉得自己身上的责任

守护的青春——记应急救援青年志愿者

更重了，必须把工作做得更出色，不辜负组织的期望！我要早日成为一名光荣的中国共产党员！"

在援伊团队里，老党员韩教授给予了艾河旭极大的精神鼓舞。"尽管韩教授已经70多岁了，但他一点架子都没有，工作起来比年轻的小伙子还要拼命，真不愧是一名优秀的老党员！"艾河旭深深为韩教授所感动，更加坚定了他早日加入中国共产党的初心，"我总告诉自己，如果不去做就不会有任何收获，但只要认真去做，最后一定能成功。要勇于攻坚克难，严谨踏实地做好每一件事"。

2020年5月14日，由于艾河旭在海外抗疫志愿服务事迹突出，根据中组部的相关规定并报上级党组织审批，艾河旭"火线入党"，被光荣地批准成为中国共产党预备党员。在入党宣誓仪式上发言时，艾河旭举起右手，激动地说道："自从递交入党申请书以来，我就做好了时刻为党和国家'战斗'的准备，是使命感和责任感驱使着我，我要为党和国家的事业奋斗终身！"

回归课堂：教书育人树立榜样

伊拉克战疫之行这段难忘的经历，让艾河旭更加深刻地体会到："在相互依存的全球化时代，不分东西南北，无论肤色种族，国际社会需要维护共同、综合、合作、可持续的安全观，构建人类命运共同体就更加紧迫和必要。"为此，艾河旭主动担任广东外语外贸大学思政宣讲团特聘宣讲员，开展"国际合作抗疫 彰显大国担当"主题宣讲，希望通过自身的这段经历，让广大师生树立起远大的志向，正确引导广大师生在关键时刻甘于奉献，勇于担当。

在课程思政建设方面，艾河旭一方面帮助广东省红十字会制作《逆行出征 战疫海外——中国红十字会赴伊拉克志愿专家团队纪念册》等内容，传递中国抗疫精神；另一方面，为了将构建人类命运共同体这一理念传递给广东外语外贸大学阿拉伯语系的学生，艾河旭尝试在课堂教育中融入思政元素，探讨新时代的中国与世界的关系，讲述中国共产党的天下情怀与担当。他认为，只有教会学生去体会和感知党的精神，将党的精神内化于心、外化于行，才能培养出积极优秀的学生。"我希望能把自己亲身体会到的党的精神在课堂上传授给学生，激发起他们的责任意识和担当意识，为构建人类命运共同体而努力奋斗！"

艾河旭用语言架起了国际合作抗疫的桥梁，用翻译向世界传播了中国之声，是新时代中国高校青年教师的榜样。他先后获得中国驻伊拉克大使馆"最美逆行者""广东省向上向善好青年""抗击新冠肺炎疫情青年志愿服务先进个人"等荣誉称号。当得知自己荣获如此多荣誉时，他表示，这些荣誉不仅是组织对自己的一种肯定，更是对他的一种无形鞭策，提醒着他今后要更加严格要求自己，不辜负组织的期望。正如他所言："在获得这些荣誉时，其实自己是很有压力的。但这种荣誉会让你更进一步去发挥自己的潜能，给人生提供一个正确的引导，这个压力就会变成一种动力，促使我走得更远。"

守护的青春——记应急救援青年志愿者

"救"在身边的青春"急救侠"
——深圳市公共安全义工联秘书长杨明川[①]的故事

"黄金四分钟响应救援,让意外不再夺走生命,让更多懂得应急救援的志愿者,'救'在身边,做一名身边的平安守护者,这就是我们做公益项目的目标!"在深圳的公益项目答辩会上,杨明川用铿锵有力的声音向众人阐述着自己的公益项目的理念与愿景。

2019 年,杨明川在深圳平安金融中心推广"平安守护者行动"项目

---

① 杨明川,深圳市城市公共安全技术研究院团总支书记、深圳市公共安全义工联合会秘书长,曾荣获抗击新冠肺炎疫情青年志愿服务先进个人、第八批广东省岗位学雷锋标兵等荣誉称号。

"救"在身边的青春"急救侠"——深圳市公共安全义工联秘书长杨明川的故事

曾经是万千留守儿童之一的杨明川，现在已经是倡导"公共安全，一呼百应"理念、助力深圳构建安全城市的深圳市公共安全义工联合会秘书长。自2018年起，他和团队联合众多爱心单位，赋能公交司机、保险代理人和外卖骑手，让他们成为专业导师志愿者、专业技能志愿者，补充完善"院前急救"体系；积极开展社区急救宣传培训及体验活动，实现全民急救知识普及；建设"AED安心驿站"，采用"商业＋公益"模式，助力急救设施组网。从人员到设备再到系统，杨明川用实际行动为新时代的应急救援写下了生动注脚。

赋能公交司机和外卖小哥化身"紧急救护侠"

试想一下，当您或是您的亲人某一天或信步在人来人往的大街上，或挤在摩肩接踵的公共汽车上，"咚"的一声，有人两眼一黑，心搏骤停，倒在地上。霎时，周围人都惊慌无措，面面相觑。过了一会儿，或许才有人想起来要打急救电话120……

电话可以等待，生命却经不起久等。这时，若有掌握扎实的急救技能的人在周围，便显得尤为重要。这个人可能是迅速将车辆停靠到附近站点，维持乘客秩序，并第一时间对患者开展急救的公交车长；也可能是大喊一声"我来！"，便风风火火停好自己的电动车，马上运用急救知识进行施救的外卖小哥……等到专业救援人员赶来，因为做好了前期急救，后续救援再接力，生命的希望便得以延续。

国家心血管病中心发布的《中国心血管病报告2018》数据显示，我国每年猝死人数高达55万人，医院外发生猝死的救治成功率仅有1%左右，救护车平均到达时间超过15分钟，而最佳抢救时间是"黄金四分钟"。因此，推动急救知识与技能全民普及刻不容缓。

自2016年起，在深圳城市公共安全技术研究院工作并担任团干部的杨明川，有3个大胆的思考：在专业救援人员到来之前，能不能让掌握急救医疗知识的人先一步救援呢？在急救知识尚未全面普及之时，能不

守护的青春——记应急救援青年志愿者

能让有一定机动性的人先一步掌握呢?这样既能发挥最大效用,又能产生示范效应,提高大众急救意识,促进急救知识普及。

杨明川首先将目光投向了具备一定社会覆盖率又肩负社会责任和使命的公交司机群体。正因为他们拥有上述的特点,杨明川认为可以通过对他们开展专业急救技能的培训,提升他们的急救能力,吸收他们成为社会应急救援的坚强力量。2018年12月13日,在深圳市东部公共交通公司的支持下,杨明川和他的团队与东部公交共同组建公共安全义工联合会东部公交分队,发起了"安心巴士"行动。该项行动通过开设急救培训持证课程和投放AED急救设备,为东部公交培养拥有专业国际资质认证的急救导师并配备急救设备,逐步完成"安心线路"覆盖城市的布局。

2021年7月,东部公交四分公司葵涌车队M457线的陈尚环师傅如往常一样驾驶公交车,一名男性乘客突然摔倒在过道上,痛苦地呻吟着,脸色苍白,痛苦万分。陈师傅一惊,随即冷静下来,迅速将车辆停靠到附近站点,安抚乘客。凭借在急救培训中积累的急救知识,陈师傅当下判断患者需立即送往医院。在交警队伍的协助下,陈师傅驾驶公交车仅用6分钟便将患者送至医院,最终患者得到及时抢救,保住了生命。

"当时有一位龙岗区的公交车师傅,一边听我上课,一边落泪不止。"杨明川回忆起令他记忆犹新的一幕。"原来,他前两周报名参加我们的急救知识培训,但因一些事情没能来成。某天回家的时候,他的母亲心搏骤停,而他束手无策,眼睁睁地错过了黄金救援时间……"痛惜的语气溢满字间。后来这位公交车司机积极参加培训学习,成了一名专业应急救援志愿者。一传十,十传百,"安心巴士"行动在各方共同努力下,不断推进,取得了良好的社会反响。如今,公交运营安全共治的新模式已经初具规模。

仅靠公交司机仍不足以保障全民安全,城市里有太多的街角巷陌,如果在这些地方出现患者,四分钟内谁又能及时出手相救呢?

城市的街角巷陌虽然不一定有公交司机驾车通过,但一定会有外卖骑手飞驰穿行。在深圳,每天都有数以万计的外卖员在城市的交通脉络中日夜流动,他们完善的配送体系早已构建起了一个城市网络。如果赋能城市服务网络以急救安全网络的功能,让外卖员都成为具备专业急救知识的志愿者,那么整个城市将遍布流动的急救力量。

"如果外卖骑手能加入到急救志愿者队伍中,我们的急救覆盖率就会得到巨大的提升。"经过一番分析和思考,杨明川找到了应急救援志愿服务的破局之道——让"外卖小哥"学习急救知识和急救技能,通过"生命教育",提高安全意识。既降低自身安全事故发生率,又通过所学帮助更多的群众,进而带动急救知识推广,"紧急救护侠"应运而生。

2019年1月12日,在政府支持下,杨明川及其团队联合某外卖平台发起外卖骑手赋能计划,将深圳全市8000名平台外卖骑手培训为急救志愿者,助力外卖骑手变身"安全网格员·紧急救护员"。

刚开始的时候,"外卖小哥"都不太愿意参与到这个项目中来,怕耽误跑单配送的时间,有的小哥甚至说"我干吗要学这个,有这个时间我都能多跑好几单了"。于是,杨明川和他的小伙伴把物质激励和精神鼓励相结合,把"生命至上"的理念传递给许多"外卖小哥",不少"外卖小哥"的积极性大大提高。越来越多的人化身"紧急救护侠"参与到这个培训项目中。

2019年5月,随着阿里公益的加入,项目取得了更多喜人的成果。在杨明川和他的团队完成了深圳区域"蜂鸟安全骑士"体系的整体布局后,他思考着:这能不能作为一种具有普遍性、可复制、可推广的急救经验,提高城市急救能力呢?在阿里公益和某外卖平台两家平台的协力之下,杨明川和他的团队启动"10城万人急救骑侠公益赋能计划",将"深圳经验"推广至北京、天津等10多个城市,赋能万名外卖骑手,帮助他们掌握基本的自救和互救技能,成为关键时刻的生命守护者。

通过解析经典急救案例、观看急救法教学短片、现场体验急救等多种方式,骑手们在培训专家和专业讲师指导下,针对心搏骤停、高温急症、外伤急救等常见突发疾病进行专业急救培训,尤其对于心脏复苏术和海姆立克急救法进行了深度实操演练。

如今,已具备急救知识的"外卖小哥"在骑行送餐途中,若不慎擦伤造成皮肤外伤或是由于高温、低血糖等原因造成突发昏厥等,处理起来都驾轻就熟。2019年,四川德阳一名接受过急救培训的外卖骑手在送

守护的青春——记应急救援青年志愿者

餐途中成功救助了一名突然晕倒的女子。"幸亏公司开展了急救知识培训，现在在路上遇到突发情况，我会毫不犹豫地挺身而出，出手了才有希望抢回一线生机。与几个差评或几百块钱相比，一条人命更重要！"

通过一场场急救培训成为专业技能志愿者的"外卖小哥"们，不仅自身交通违章率大幅下降，而且成功救助了不少人。"之前我认为自己就是一个送外卖的，挣钱养家，按时把餐送给客户让客户吃得开心就够了。现在我们是应急救援志愿者，感觉自己更像江湖里的侠客一样行侠仗义。"时至今日，"10城万人急救骑侠公益赋能计划"这个公益项目还在源源不断地吸引更多"外卖小哥"的加入。

"10城万人"骑士急救培训会场（上海）

"公交司机"和"外卖小哥"的完美组合，实现了急救在城市街头巷陌的全覆盖。

"这两个项目很好，取得了不少成果。但毕竟还是治标，即通过小部分人群掌握技能后再覆盖满足大部分人群的需求。中国地域广阔，不仅有城市，更有农村乡镇，'外卖小哥'或是'公交司机'不一定随时能出现，有时并不会在身边。"杨明川赋能公交司机和外卖骑手的公益项目使自己积累了不少经验。"中国的急救，差的不是关键时刻的几分钟，而是缺少平日的急救知识普及。"面对新情况、新问题，杨明川积极应对，用自己的聪明智慧不断推进应急救援事业发展。

赋能保险代理人化身"平安守护者"

怎样让城市和农村享有同等的急救知识的培训机会呢？

几经思索，杨明川瞄准了遍布全国各地、拥有许多保险代理人的保险公司。"保险代理人天然就有接近社区、向民众宣传推广的诉求。如果我们能与他们进行合作，教会他们专业的急救知识和技能，他们便能进社区开展急救讲解，带动千千万万的家庭。"2019年，杨明川和他的团队联合中国平安发起了"平安守护者行动"，借助"百万保险代理人"和"百万志愿者"的力量，通过赋能这些人群，使他们成长为能独当一面的专业讲师志愿者和专业技能志愿者。经过培训，"平安守护者"们会成为"既敢救，又会救"的"应急第一响应人"，"第一时间，第一现场，第一响应，第一救援"。此举不仅能培养常备应急救援力量，也能在社区民众中持续、常态、标准地开展社区急救宣教培训及体验活动，助力全民急救知识普及。

"刚开始的时候，我们聚焦于普通人的应急救护，开展针对心搏骤停、外伤、中暑等症状的急救培训；后来慢慢地拓展到包含防灾减灾的应急救援方面，消防安全等，以及联合公安部门开展防诈骗宣传，普及面越来越广。"在杨明川及其团队成员的努力下，一个全方位、多角度的应急救援宣讲体系逐渐完善。

截至2022年7月，"平安守护者行动"通过线上线下相结合的方式，已培训近3000名保险经理人成为应急救援专业志愿者，举办了社区活动近15000场、大型活动约50场，线下普及超595万人次，线上覆盖超1亿人次，让越来越多的人接触和掌握急救知识。

一位"平安守护者"说："我的儿子在上小学。有一天他告诉我，他用我所教的急救知识，成功帮篮球队里的小队员止住鼻血。那一刻我很

自豪,不仅因为儿子一个小小的举动能帮助到别人,更因为看到了急救意识在年轻一代身上的提升,这肯定了我们现在做的这些。"

回忆起当初推动该项目时的情景,杨明川总禁不住要感慨:"开展一个公益项目真的不容易,最难的地方就是从零起步。刚开始的时候,只有我一个人,然后发展到三个人,接着有更多的志同道合的人加入。"在团队的集体努力下,不断打磨多次的"平安守护行动"项目示范推广终于收获成果。"后来,不少知名的保险公司看到了我们这样的成功案例,也开始组织类似的一些行动。我们欢迎企业和各公益组织的加盟助力,在某个特定的领域开展公益行动,然后形成示范效应,带动更多的组织和个人的加入,组建完善的公益网络。"

"我记得有一名志愿者,当时一月内就拯救了两个心搏骤停的人。这不仅说明心搏骤停发生的概率真的不低,随时可能发生在我们身边,更说明我们的急救知识培训是迫在眉睫的。"

人人学急救,人人敢急救。"公交司机""外卖小哥""平安守护者"……杨明川及其团队通过裂变打造专业化义工社群,提升社会公众安全知识与技能,令公共安全一呼百应。

建设"AED 安心驿站" 成为"急救生命守护站"

"救人不能是一句口号,要有人员,更要有工具!"AED(全自动体外除颤器)在急救过程中是非常重要的设备。其因功能强大被誉为"救命神器",同时又因简单易用被称为"傻瓜机"。但是,一台 AED 的价格要上万元,除了政府买单外,能否借助社会力量来购买更多的 AED 呢?带着这样的问题,杨明川及其团队想到了一个推广普及 AED 的法子——整合商业资源,与爱心企业合作,发起"安心驿站"项目,让"商业 + 公益"共赴成功路。

AED 需要安放在人员密集场所,这就要求将"闲置的场地资源"和"有需要的商业资源"相结合,在各场所安装适用于不同场景的"安心驿站"。"安心驿站"的 1.0 版本是将智能售货机和"救命神器"AED 及应

2021年，杨明川在广州"益苗计划"会场上解说"安心驿站"项目

急物资包结合，打造"AED＋应急物资包＋消费扶贫＋安全宣教＋智能售货一体机"模式，集智能消费和急救及公益于一体。在相关部门的协调下，杨明川及其团队不断整合资源更新"安心驿站"，和相关行业企业合作，打造了一系列"AED＋"产品。"AED＋智能取餐柜""AED＋广告宣传屏""AED＋充电宝"等便民服务设备的安装，大大解决了政府投入大、成效慢的难题。

借力聚力，才能使出更大合力。"商业＋公益"模式，是"安全驿站"最大的创新点，也是最大的难点。人们普遍认为公益组织是不能营利的，应当免费捐赠，而商业具有天然的营利性，二者就像"冰炭不同器"。杨明川说："解决社会上（急救难）的问题，重要的是要学会借力、聚力，凝聚各种社会资源和力量。公众对公益和商业之间的关系的疑问其实很好回答，只要我们努力做出效果，让民众切切实实地感受到安全和便利，我们就能实现更大的凝聚力。"AED铺设和设备升级等事项需要商业资金的支持，而AED的高覆盖率又能满足商业区人群聚集的诉求，二者是可以合作共赢的。

从2021年开始试点到2022年全面推广，仅1年时间杨明川及其团队

就已在深圳公众场所安装了 2000 多台 AED，节约市财政投入资金 4000 多万元。目前 AED 设备遍布深圳重点工程项目、工业园区、文体场馆、景区、办公大楼等人流密集场所，实现公共场所全覆盖，同时安心驿站项目获得"深圳市 2021 年十大民生安全实事"、第五届中国青年志愿服务公益创业赛金奖等奖项。兼具安全宣教、疫情防控、一键报警、灾害预警等功能的"AED+"设备将助力深圳市卫生健康事业跃上新台阶。

凭借聚焦公共安全急救的精准视角、借力社会各方资源的创新方法、背靠"益苗计划"的资源资助……杨明川一直在积极探索社会资源参与应急基础设施建设、社会力量参与公共安全保障的可行之路。

若不按"四分钟可取"的标准，仅按每 10 万人 300 台的国际标准，深圳市还需投放 AED 近 40000 台，市、区财政需投入近 12 亿元，且现已投放的 AED 使用年限 50% 以上仅为 5 年，急救设施组网工程新建投入及运营保障资金压力较大。为了解决这样的资金困境，建设一个可以高效调度急救资源的平台就显得尤为必要。杨明川这样解释道："打个比方，一个城市本来配备 5000 台 AED 就可以满足城市人口的需要，但如果没有用科学方式优化配置，便会产生设备冗余且空缺的情况。"

不仅是 AED 的调配配置问题，杨明川还发现国内救护车调度系统仍然不完善。在呼叫 120 后，救护车的平均到达时间大于 15 分钟，但黄金救援时间仅有宝贵的 4 分钟，这也就是本文开头杨明川在答辩会上说出那番话的缘由。杨明川主要研究的内容是动态调配、路径规划、任务分派和优化配置。这些归根结底就是资源调配问题，而资源调配问题实质上是算法和技术的问题。由此，杨明川推断眼下正缺乏一个智能识别和训练人工智能的系统。为此，杨明川主动申请攻读清华大学创新工程领军博士，努力读书，提升自己的专业水平，用工程技术手段赋能急救模式，助力该平台系统研发。

现阶段，杨明川及其团队研发了一款提高救援效率的 APP（手机应用）。求助者拨打 120 后接收短信链接或使用"城安应急" APP 按下呼救键，可获得附近急救志愿者协助及急救中心值班专家远程指导。志愿者在前往现场的同时，可通过"城安应急"发现、调用附近急救物资设备（以 AED 为主）。这些救助者可能是受过急救培训的"公交司机""外卖小哥""平安守护者"，也可能是接受过社区急救宣传培训的志愿者。杨明川及其团队通过接入互联网进行自救、互救，打通求助者和急救志愿者之间的通路，让救助更高效、及时，从而提高伤患的救治率。

为应对急救设施组网工程投入巨大的问题，在深圳市应急局、深圳市消防救援支队、深圳团市委等多方力量指导下，杨明川及其团队筹划了"黄金四分钟"应急体系可持续发展建设模式。其精妙之处在于：一是凝集社会资源，产生"1+1>2"的效果，推动"公益+商业"创新模式进一步发展，积累并提供可复制、可推广的公益经验。二是联动志愿力量，发挥"志愿者之城"的优势，发挥志愿服务在参与社会治理、推动可持续发展中的重要作用。目前，已有注册志愿者208万人、年均参与服务的志愿者达960万人次的深圳正在积极推进建设"志愿者之城"4.0，这就是该模式的重大依托。通过联动公益组织、爱心企业、志愿者开展以急救知识培训为核心的安全教育"五进"活动以及联动重点人群，如外卖骑手等，有计划、持续性地开展急救技能培训，构建社会应急力量网络，提升院前急救响应时效。杨明川及其团队依托全市680多个志愿服务U站、700多所学校，布设了集便民急救教学、考核于一体的智能机器，为构建便民安全知识学习基础设施打下坚实基础。三是应用应急科技。不仅是AED布设的科学选择模型研究和智能优化调度与联动响应系统的研发，还有"固定、车载、无人机"网络的构建等技术应用，各种高科技齐聚，助力"社会应急响应调度智慧平台"研发。

2021年，杨明川在深圳会展中心为来宾介绍公益项目（前排左一）

守护的青春——记应急救援青年志愿者

做专业的应急救援志愿者

人员、知识、设备，可谓"万事俱备"，但对于应急救援志愿服务而言，第一位的是什么呢？

当谈到应急救援志愿服务的未来发展，杨明川说："专业性肯定要放在第一位，尤其是作为应急救援志愿者，所展现出来的形象就是专业。但我们不能只局限在服务队伍要专业、服务保障要专业，更要注重应急救援志愿服务领域的技术创新与理念传播。"

"想想我们国家，从建国到现在，一路上可谓是'九九八十一难'。但在党的领导下，大家紧密相依，团结奋斗，走过了一个又一个的沟坎，取得了一个又一个的胜利，真的是很不容易。首先要感恩党和国家，包括我自己，就是沐浴在感恩中成长的。"杨明川这么说道。从贵州小镇上的留守儿童，到国外留学交换生，再到现在攻读清华大学博士，从最初在深圳水务集团负责抄水表、收水费、修水管等基层工作，到现在任职深圳市公共安全义工联合会的秘书长，杨明川从基层做起，练就了一身扎实本领，爱与感恩是支撑他一路走下来的力量之源。

2021年，杨明川在酒泉市瓜州县做公路应急救援志愿者（右一）

"从受助者到施助者，

54

其实不能算是一个转变，更多的应该是一个传承，是必然的结果。"杨明川一直秉持着"滴水之恩，涌泉相报"的理念，坚信"但凡受过关怀、沐浴过帮助、恩泽的人，当他有能力去回馈、回报社会的时候，他都会将之化为一种习惯或是一个人生方向"。

"'人民对美好生活的向往，就是我们的奋斗目标。'这不仅是对党和国家的庄严宣誓，也是我们行动的信条。"杨明川说，"常怀爱与感恩之心，努力奋斗，就是我最深的心里话。"

杨明川就是这样，怀揣着一颗爱与感恩的心，奋斗不辍，把自己辛勤的汗水挥洒在应急救援事业里，把自己创新的智慧应用到应急救援事业中，在深圳应急救援事业前线留下了闪光的足迹。未来，他将继续发扬"敢想敢干，勇于创新"的精神，继续为应急救援事业发光发热，将"科技赋能的社会化急救"变成现实，让身边每一个有能力的人都化身为"急救侠"！

守护的青春——记应急救援青年志愿者

人民至上，生命至上，用专业助力疫情防控
——香港籍青年志愿者明伟杰[①]的故事

2020年初，一场不见硝烟、不闻炮响的"战争"打响了，在这场和新冠肺炎疫情的长期拉锯战中，无数医护人员、志愿者等通过线上线下各种方式，为疫情防控竭尽所能。明伟杰和他的志愿者团队就在其中。

香港出生的明伟杰，在疫情期间是暨南大学国际学院院长助理、基础医学与公共卫生学院副教授。明伟杰在母校教书育人的同时，组织与带领志愿者团队将所学的公共卫生知识运用在疫情防控中。明伟杰还希望通过自己的榜样力量，引导更多的港澳台青年加强与内地的沟通联系，在疫情防控中以实际行动彰显青年人的责任担当。

防疫科普，凝聚青年力量

穗港地区习惯将"SARS"依粤音译为"沙士"。明伟杰中学会考时，

---

① 明伟杰，医学博士，美国哈佛大学、英国牛津大学医学博士后，国家医保研究院专家库专家，香港城市大学传染病及公共卫生学系助理教授/博士生导师、公共卫生与流行病学硕士课程主任，暨南大学兼职研究生导师，广东省青联委员/港区界别秘书长，油尖旺区健康城市执行委员会委员，观塘区青年城市建设委员会委员。曾获共青团中央表彰授予"抗击新冠肺炎疫情青年志愿服务先进个人"称号、广东"优秀战疫志愿服务典型"称号，2023年荣获了香港城市大学Thetos青年学者奖并列入斯坦福大学全球前2%顶尖科学家。

人民至上，生命至上，用专业助力疫情防控——香港籍青年志愿者明伟杰的故事

正值香港发生沙士，他对戴口罩考试的感受很深刻。"当时社会上都很紧张，而且死亡率较高，那时我就萌生了要从事相关的工作的想法。"作为一名医生，面对新冠疫情明伟杰马上警觉起来，他知道，人们一定会联想到SARS冠状病毒，因为感染症状非常相似，都会发热、损害呼吸系统。面对未知的病毒，即使是专攻医学多年的明伟杰，也无法自信满满地宣称自己了解它，更不用说没有医学背景的人群该有多害怕。大家对疾病了解得越多，就越能减少恐慌和害怕。

"有没有可能，我们组建一支志愿者服务队，把各种信息整合、过滤，准确地向公众传达。"有了想法之后，明伟杰开始构思这支科普志愿服务队需要吸纳哪些成员，需要做什么类型的服务，等等。他首先想到的是暨南大学医学相关专业的学生们，他们不仅有医学知识基础，也擅长整理和归纳各类文献资料，开展志愿活动的最佳途径是线上，可以通过微信公众号、新闻媒体、益智小游戏等媒介进行科普。除了幕后默默工作的志愿者以外，还必须有一部分志愿者站到公众面前，为群众答疑解惑，这是本次科普行动的重中之重。

时间不等人，明伟杰迅速发出了科普志愿服务队的招募消息。按照他的队伍框架，只需要凑齐一个小团体就好了。他心里猜想，应该有十来个人来报名吧。然而，消息传开后，短短几个小时报名人数已经高达100多人！他们分别来自3个国家61个城市，除了医学院的学生，还有新闻与传播学院、理工学院、体育学院等不同专业的学生踊跃报名。短时间内有这么多人响应招募，大大出乎明伟杰的意料，让他对年轻人的凝聚力有了新的认识。

"那一刻我非常感动。可以说，这是我到目前为止，人生中最为感动的事情之一。"明伟杰感慨道。

由于人数比预想的多，明伟杰和队员们通过视频连线的方式了解各地的疫情防控情况，并根据队员的专业特点和自身所长，将他们划分为5个志愿者小分队，分别负责最新文献解读、线上答疑解惑、新媒体原创、宣传与编辑以及心理健康教育。队伍分工明确，有站在台前，通过视频、微信群为群众答疑解惑的人；也有坚守幕后，收集、整理、归纳和翻译海内外有关新冠疫情的文献与指南，以及运营公众号和剪辑视频的人；

守护的青春——记应急救援青年志愿者

明伟杰及其防疫科普青年志愿服务队成员

有的志愿者甚至一人参与多个分队，身兼多职。另外，志愿者们还将相关材料翻译成英文，协助在中国的外籍友人了解最新的疫情防控要求，做好防疫措施，安心居住。

除夕夜当晚，万家灯火明亮，经过培训的志愿队开始行动了。队员们顾不上与家人团聚，迅速投入到紧张的志愿服务之中。快啊！再快一点，要在2020年这个春节，用最快的行动，把防疫科普送去千千万万家。大年初二晚上，志愿队发出了三篇公众号文章，科普新冠病毒。为了解除民众的忧虑与疑问，志愿队还建立了几个微信咨询群，包括校友群、老师群和学生群。

"其实，我从中学开始就经常做义工了，在香港叫义工，在内地通常叫志愿者。志愿者对我来说是一个非常光荣的身份。"明伟杰回忆起自己的志愿服务经历，"看到有需求，我作为一名医生，作为医学院的老师，第一反应就是怎么开展一些志愿服务去帮助他人，回应这些需求。只要有方法，我都会去做。"

"每一个人小小的力量，集合在一起就是无限大。"在新冠肺炎疫情

人民至上，生命至上，用专业助力疫情防控——香港籍青年志愿者明伟杰的故事

期间，明伟杰带领青年志愿者们积极奔走在"疫"线，诠释自我价值，彰显责任担当。

夜以继日，击碎疫情谣言

在明伟杰团队的志愿服务中，辟谣是最重要的事情之一。迄今为止，他们创建的"2019nCov 暨大科普志愿队"公众号已发布了多条澄清疫情谣言的文章和视频。

新冠肺炎疫情期间，网络上有许多谣言。正所谓"造谣一张嘴，辟谣跑断腿"，辟谣是一项工作量繁重的任务，需要搜集科学的资料，寻找有说服力的权威组织的相关表述信息，自身也要有判断谣言的能力。

谣言四起之时，作为有公共卫生知识基础的科普者，明伟杰认为自己有能力也有责任帮助大家去判断这些消息的真假，这也是科普志愿队的优势。大年初二晚，三篇科普新冠病毒的文章在公众号上发布了。"饮用高度白酒能预防感染吗？——不能，饮用高度白酒不能预防新型冠状肺炎感染。""喝板蓝根、熏醋可以预防吗？——没有任何证据证明喝板蓝根可预防新型冠状病毒。熏醋所含醋酸浓度很低，达不到消毒的效果。""开空调暖气能杀死病毒吗？——杀死冠状病毒至少需要 56 摄氏度，开空调暖气达不到这一温度，不足以杀死病毒。整日开空调，反而室内空气不流通，对个人身体健康造成危害。""盐水漱口可以预防吗？——不能。目前无任何证据证明盐水漱口能预防呼吸道疾病。盐水漱口，一没有明确消毒作用，二即使有，也只局限于口腔，与呼吸系统没什么关系……"队员们收集一条条谣言并分类整理，再筛选出较为主流的错误消息，逐一进行解答。针对群众的恐慌情绪，队员们还录制和剪辑视频，用沉稳坚定的话语击碎谣言，安抚大家。

然而，志愿队的工作刚开始运作就遇到了两大挑战。一是时效性的挑战，新冠疫情的各类研究和消息不断更新，防疫措施不断升级。志愿队今天收集的材料，到明天可能就不适用了。二是准确性的挑战。明伟

守护的青春——记应急救援青年志愿者

杰和队员们虽然有公共卫生医学的基础，但其实和大家一样，是第一次面对这种新的病毒。"无论是我们志愿者还是群众，对这个病毒都是一知半解的。"明伟杰需要一边自学，一边向别人科普。队员们也希望自己给群众带来的科普知识是最准确的。

面对时效性和准确性这两大挑战，明伟杰思考片刻，在征得队员们的同意后，决定整支队伍24小时轮班。队员们夜以继日，收集数据，不停翻译，持续更新，每天辗转几个微信咨询群，给出专业的回答。有的志愿者不断搜集和翻译资料，从生疏到熟练；有的志愿者在国外无法入境，就按时差来交接工作；还有的志愿者从黑夜奋战到白天，天亮了，肩颈已经僵硬疼痛……队员们亲密无间地抢着活儿干，即使他们分布在世界的不同角落，来自不同的专业，但每个人都发挥自己所长，牺牲自己的休息时间为大家无偿服务。明伟杰感慨道："当时确实是比较辛苦。但是我觉得经过这件事情，同学们有了信心，以后即使再面对一些未知的东西，只要我们团结一致，一起努力，都是能解决的。"

暨南大学疫情防控科普青年志愿服务队是全国最早针对新冠肺炎进行科普的学生志愿团队之一。明伟杰组织了100名内地、港澳台及海外本科学生，利用专业知识开展科普宣传，服务公众近6万人次，加油视频播放量逾20万次，预防及破除谣言视频播放量3万人次。

爱心是志愿者最好的舞台，奉献是志愿者最美的语言。明伟杰将与家人团聚的时光用在志愿服务中，身处假期也没有一刻休息。他说："我只是希望大家正确认识这个病毒后不感到害怕。"

基层讲座，安定群众之心

在香港疫情严峻之时，明伟杰来到香港城市大学担任传染病及公共卫生学系助理教授及研究生课程主任。"最重要的是避免高峰期医疗系统崩溃。"为此，明伟杰和他的研究团队通过模型预测疫情发展，希望帮助医疗系统在高峰期到来前做好准备，避免医疗系统崩溃。

"决策者需要看到更多的数据和研究，来保证决策的科学性和有效

人民至上，生命至上，用专业助力疫情防控——香港籍青年志愿者明伟杰的故事

性。我既然在这个领域，就有责任去提供一些建议和研究成果。"明伟杰解释道，"所以，我们做了医学模型，包括流行病学的模型来预测疫情发展趋势，以及它的高峰期、低谷期。不能说绝对准确，但可以知道大概的方向。"明伟杰希望香港医疗医护、社区、社团、义工互相支持合作，度过最艰难的时期。

然而，疫情反复，感染人数快速增长，民众陷入了前所未有的恐慌情绪中，除了不知道该如何做好自身防护以外，还有各种担忧。明伟杰立刻站出来，做了大量的宣传科普工作，开展了8场基层防疫讲座。

"很多时候，群众想知道的东西并不全面，互联网上的信息也很繁杂。这就需要我们亲身下到基层开展这种讲座，了解基层民众所忧心的一些事情。"在讲座中，明伟杰给基层市民、新来港人士、餐饮从业者、社会工作者讲解疫情防控面临的问题，做好疾病的科普，包括如何预防、在缺少支援时如何度过、如何避免在家中传播等，答疑解惑，让更多人了解到最新的防疫知识。

由于疫情每天都在变化，国内外的研究和医学产品也在不断更新推进，明伟杰的讲座准备的内容也天天在改。"掌握最新的情况对于我来说也是一个挑战，何况是普通人，所以我很明白市民的无助。"明伟杰希望能从心理、防疫知识方面给予市民支持，缓解紧张的情绪。每一场讲座基本上都有上百人，座无虚席。

在一场讲座中，明伟杰讲解到新冠疫苗接种的注意事项，一位大着肚子的准妈妈向他提问："我之前接种了疫苗，会影响到我的孩子的健康吗？"她轻轻抚摸着肚子。明伟杰知道，她背后还有千千万万个准妈妈，她们担心自己接种疫苗会伤害到肚子里的小生命，担心孩子出生后的感染风险，甚至对新冠疫苗退避三舍。

明伟杰当场引用相关文献，耐心温柔地说："不用担心，孕妇的疫苗抗体是可以传给孩子的。你打了疫苗，保护自己，也保护了你的孩子。孩子即将诞生来到人世间，这是你送给他的第一份礼物。"准妈妈顿时泪流满面，心里的大石头终于放下。

担忧的不仅仅是孕妇，身体免疫力较低的老人和小孩子，也是容易被新冠病毒感染的对象。老人比较担心接种新冠疫苗会影响自身原本患

守护的青春——记应急救援青年志愿者

有的疾病的康复，导致身体变差，甚至疾病恶化。针对这些问题，有许多医学上的解答与研究，但是这些医学研究普通民众接触不到或不了解，如果没有人去宣传、告知他们，他们可能会长期陷入紧张焦虑的情绪中。

"在疫情之下，小朋友、老人家的重症较多，还有孕妇、病患这些群体容易出现紧张焦虑的情绪，需要关怀和关心，这特别重要。"明伟杰选择公共卫生领域作为自己一生奋斗的事业，正是希望能够在医疗上为民众健康提供解决方案，帮助到更多人，"当年小小的选择，今天能发挥作用服务大家！"

为人师表，树立服务榜样

受疫情影响，暨南大学的学生们有时无法回到学校，老师们只能通过网络授课。

但明伟杰敏锐地察觉到，"我们有很多学生的家庭，其实是没有上网课的条件的"。作为医学班班主任的明伟杰，立刻想到可能有的学生身处山区、贫困地区，或者居住环境、电子设备没办法满足上网学习的条件。

这些家境贫困的学生想要保证学习的进度和质量，急需改善上网条件。如果电脑、手机数量不够或者老旧难用，就需要购买新的可移动电子设备；如果流量不够用，就需要充值购买流量包。这对于他们的家庭来说，又是一笔大的开销。于是，明伟杰开始资助贫困学子上网设备。考虑到大学生不太会主动求助，明伟杰决定让更了解学生情况的学生处去筛选出有需要的学生，并向学校提出捐出自己的一个月工资，给10~15个学生购置上网设备。"我希望通过我的行动，吸引到更多老师同学关注到那些家庭条件不好的学生，不仅仅关心他们的学习进程，也关心他们学习中遇到的困难，和我一起去为这些孩子做点事情。"明伟杰这样说。

无心插柳柳成荫，明伟杰带动着大家积极参与志愿服务。疫情发生以来，除了在岗的医护人员之外，还有大量来自各行各业的志愿者冲上一线，合力抗疫，其中少不了暨南大学志愿者的身影。近千名师生积极投身疫情防控志愿服务：有的深入社区，为居民群众服务，协助开展社区防控、人员排查、环境消杀；有的坚守在交通卡口，协助开展体温检测、车辆排查；有的为医疗机构提供后勤保障，为抗疫一线人员子女提供精神陪伴和学业辅导；有的及时辟谣，传播科学知识，提供心理援助。

2021年6月，广州南沙区疫情严重时，暨南大学在全校发出赴南沙抗疫志愿者招募令，不到24小时就有超过400名师生报名，其中不乏受到明伟杰鼓励、以他为榜样的学生。学校结合防疫工作需求，挑选已完成两针疫苗接种的师生共160人，开展核酸检测后，组成第一批抗疫志愿者服务队支援南沙。其中，教师11名，学生149名，中国共产党员、入党积极分子占比超60%，来自港澳台的学生和老师有17名。

服务队出发前，医学部举行了赴南沙区抗疫志愿者动员大会和南沙区抗疫志愿者培训。在培训会上，暨南大学附属第一医院、援鄂医疗队派出10位同志，为师生志愿者做了系统培训。他们详细讲解了集中隔离医学观察点感染防控工作要点、医疗队员及酒店驻地管理指引等，并进行了穿脱防护服现场示范、培训和最终考核。第二天上午，伴着绵绵细雨，穿着整齐划一的白色志愿队服，佩戴着金光闪闪的团员、党员徽章，抗疫志愿者服务队160人正式出征，前往南沙区支援全员核酸检测、重点人群核酸筛查、密切接触者集中医学观察场所健康监控和医疗保障服务等疫情防控工作。

明伟杰带领医学生支援广州南沙抗疫工作

守护的青春——记应急救援青年志愿者

　　明伟杰担任服务队第一队副队长。这次出征的志愿者中，有很多是之前参与疫情防控科普青年志愿服务队的队员。这次，他们从线上走到线下，投身到了疫情防控一线。其中一位队员说："在去年的抗击疫情网络班会上，身边的许多同学都表示自己也很希望成为一名抗疫志愿者。一年后的今天，我们勇担使命，奔赴南沙。相信我们定将不辱使命、载誉归来。"明伟杰也为他的学生们感到自豪："我们希望除了科普外，也能真正地深入一线，利用我们的专业知识，同心抗疫。"

　　服务队来到南沙后，明伟杰将南沙区疾控中心二楼会议室打造成临时课堂，紧密结合本次抗击新冠疫情的防控行动，为志愿者们讲授应对突发公共卫生事件与新发传染性疾病预警机制的相关内容。明伟杰介绍，服务队虽然以公共卫生专业背景的学生为主，都有扎实的专业基础，但来到一线抗疫还是第一次。因此，他希望通过自己的课堂帮助学生不断巩固专业知识，更好地将理论与实践结合，提升在疫情防控实战中的专业素养与工作质量。

明伟杰为大学生志愿者们开展培训

　　"志愿工作不止、教学工作不落，这里是战场也是课堂。希望学生们能发挥专业优势，高质量高水平高效率完成本次工作，为打赢广东疫情决胜战而不断努力！"明伟杰说。在疫情面前，他们不当旁观者，不做局

人民至上，生命至上，用专业助力疫情防控——香港籍青年志愿者明伟杰的故事

外人，用实际行动践行着"健康所系、性命相托"的誓言。

传递经验，不忘服务初心

任何一件事，只有内心有渴望有信念，才能持之以恒地投入进去。参与志愿服务也是如此，我们不应该仅仅将其视为一次社会实践或一份志愿时间，而是要发自内心地热爱助人，传承与发扬志愿精神。

"我觉得志愿者服务，最主要的不是过程，而是初心。我们一定要知道，自己为什么要做这个事情。"明伟杰有着丰富的志愿服务经验，他非常重视志愿服务的初衷。为什么要做志愿服务？不是为做而做，不是有好处去做，而是有需求才做。如何发现需求呢？这需要我们有一双善于观察社会的眼睛，能够敏锐地发现服务人群和需求。有了需求，我们还要考察自己是否有能力去满足这些需求，用什么方式满足，能不能把这件事做好。因此，明伟杰认为在一切志愿服务开展之前，志愿者首先要扪心自问三句话：我为什么要做？有什么需求？我能不能做好？服务完成后，再看看最后的结果是否符合初衷。

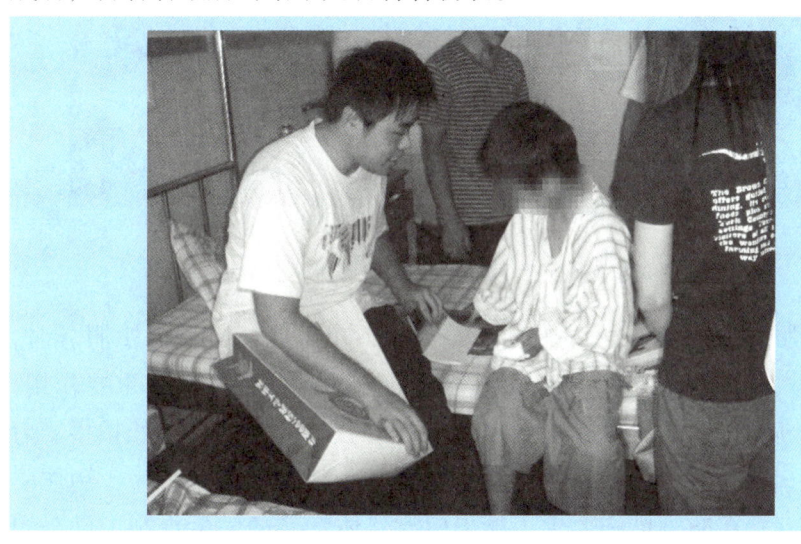

2008年汶川地震发生后，明伟杰组织志愿者照顾留院受伤儿童

明伟杰希望队伍里的每个志愿者能够全方位参与到服务过程中，在服务中有所收获的同时，也能展现自己的优势能力。

明伟杰认为，应急救援类的志愿服务，未来要重视专业性和跨专业协作。重视专业性是因为这一类志愿服务对专业要求较高，尤其是在培训环节，如果没有专业人士进行培训讲解，或是志愿者没有相关的专业背景，志愿活动是很难开展的。"虽然志愿者是没有工资的，但一定要经过培训，展现专业的素质。现在越来越多年轻人参与到核酸检测、疫苗接种的志愿服务中，要先保护自己不被感染，如何穿脱防护服、如何戴N95口罩、如何扔医疗垃圾等等，都需要了解相关的专业知识。"

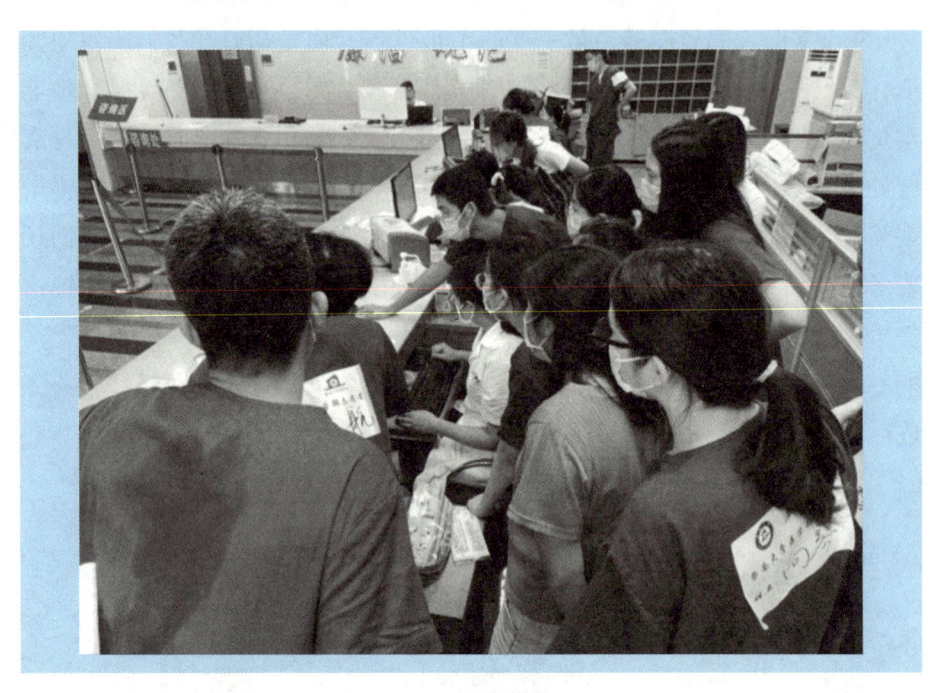

明伟杰带领暨南大学学生参与疫情防控志愿服务

志愿服务中的跨专业协作也同样重要。在做疫情科普志愿服务时，明伟杰就发现非医学院的学生看似不够专业，实际上发挥了重要作用。例如，学新闻传播的学生在信息宣传上有着独特的想法，擅长拍摄、剪辑视频和运营公众号；计算机专业的学生可以编写一些小程序，制作防疫科普游戏；在防疫措施要求不能出门时，体育系的学生录制了健身视频，或是直播带领人们在家里做些运动，科学健身。这些服务帮助到了

人民至上，生命至上，用专业助力疫情防控——香港籍青年志愿者明伟杰的故事

很多人。"专业的志愿服务中，让不同专业的人参与进来，我觉得这是应急救援志愿服务未来发展的一个思路。"

回归祖国，走上奉献之路

明伟杰志愿服务的事迹曾入选《青年强·中国强》人物纪录片。鉴于明伟杰在抗击新冠肺炎疫情中的突出表现，2020年10月，经党中央批准，共青团中央、中国青年志愿者协会授予了他抗击新冠肺炎疫情青年志愿服务先进个人称号，这份荣誉也更加坚定了他从事公共卫生领域工作的决心。

提及所获得的荣誉，明伟杰十分谦卑："这个荣誉不属于我个人，它属于我们志愿者团队的全体成员，是对我们整个团队的认可。它对我们来说更多的是一种责任、一种鞭策。"获得荣誉之后，明伟杰要求自己要将更多时间投入到志愿活动之中，服务更多的人，为志愿服务事业继续贡献自己的一份力量。

回想起他第一次来到广州，觉得这里的饮食、语言都和香港一样，没有什么障碍，但也感受到了和香港不一样的地方，就是发展速度。于是，即将高中毕业的他到更有活力的广州来读书。就这样，明伟杰来到了暨南大学。本科毕业后，他先后攻读了香港大学的公共卫生硕士学位、暨南大学的医学博士学位，随后又在牛津大学和哈佛大学，分别从事博士后工作。

2018年，本可以在国外有很好发展前景的他，做了一个令人费解的决定——只考虑了一个晚上，他就决定放弃美国哈佛医学院的研究职位，回到母校暨南大学当一名教学科研工作者、妇产科临床医生。"我的目标一直都很明确，出去留学就是为了回来建设我们的祖国。"明伟杰对于回归有着异常坚定的信念，"这个地方养育了我们，哪怕有再多不完美，也要靠我们一代又一代青年人去建设和改善。如果每个人都想着往外跑，那又有谁来建设我们的家乡呢？"

守护的青春——记应急救援青年志愿者

回国工作后，明伟杰经常穿梭于大湾区三城——广州、深圳、香港，带领他的医学团队将所学的临床医学知识与医疗器械研发相结合，填补了我国在生殖医学领域大型医疗器械自主研发上的空白。他希望通过自己的故事，让更多港澳台青年来到大湾区，开阔视野，成就自我。

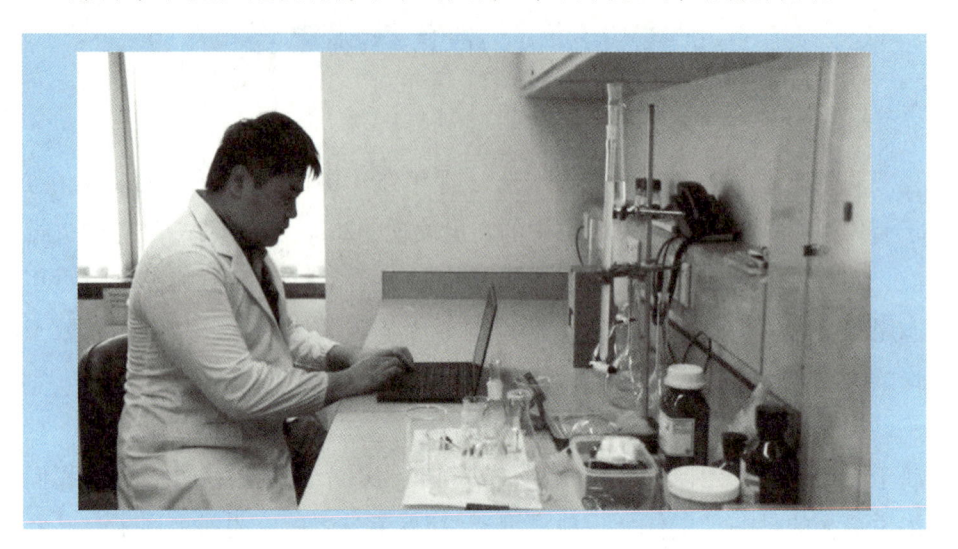

明伟杰开展研发工作

"人民至上，生命至上。这是公共卫生学科的初衷。"在明伟杰看来，医生不仅仅是一份工作，更充满了人文精神和社会担当；志愿者不仅仅是一个称呼，更凝聚了中华民族乐于助人、成就大我的传统美德和新时代志愿精神。

"临时妈妈"让爱不留空白
——广州市花都区青年志愿者黄彩云[①]的故事

回想起自己的初心，十四天的"临时妈妈"黄彩云说："那时候想：作为一名普通的广州青年，在国家有需要的时候，自己能否做些什么事情？"当接到"临时妈妈"的紧急号召时，黄彩云明白国家需要自己了，于是她迅速响应号召，用行动践行着新时代青年的责任担当。

临时妈妈，为爱奔赴

2020年2月1日晚上，黄彩云一边吃饭，一边叮嘱父母："爸妈，我临时外出一段时间，孩子他爸这段时间也在加班，小欣（化名）就麻烦你们照顾了。小欣喜欢看电视，但不能让她看太久，疫情期间记得少出门，出门一定要做好个人防护。"黄彩云把自己3岁的女儿交给家中老人后就匆忙拿着行李出门了。老人没有想到，自己的女儿一出门就是十四天。

原来，花都出现了一例紧急情况：一家四口的父母、姐姐相继因感染新型冠状肺炎病毒在隔离，家中年仅5岁的小女孩甜甜（化名）因作

[①] 黄彩云，广东省青年联合会第十三届委员，广东省广州市花都区第十一届政协委员，花都区青年地带志愿服务队队长，现就职于广东艾森律师事务所。志愿服务时数约1500小时，曾获抗击新冠肺炎疫情青年志愿服务先进个人、广东省向上向善好青年、广东省最美志愿者、"广州好人"、"花都好人"等荣誉称号。

为确诊病人（爸爸、妈妈、姐姐）的密切接触者，要孤身一人前往隔离观察点接受为期十四天的医学观察。而甜甜太小，生活无法自理，亟须人照顾。团花都区委在1月31日晚得知这个情况后，连夜发动区内志愿服务队，号召符合条件的青年志愿者踊跃报名。号召一发出，花都区青年地带志愿服务队的青年志愿者黄彩云马上响应号召报名。黄彩云在报名时专门提及自身能胜任工作所具有的优势：一是自己已为人母，在照顾孩子方面有经验；二是作为青少年事务社工，自己平常就是为青少年开展服务，在儿童心理辅导方面有丰富的经验，可以更好地帮助年幼的甜甜缓解因至亲家人不在身边及独处他处产生的恐惧、孤单的心理。面对要照顾作为密切接触者的小女孩，黄彩云在报名时并没有考虑太久。"当时也没想那么多，组织有需要，我又符合这个条件，就去了。"黄彩云说起来似乎很轻松，但在这轻松的背后是一种社会责任感在支撑。

在确定自己成为"临时妈妈"人选后，黄彩云意识到本次志愿服务的特殊性。在准备行李时，除了备上自己的日常用品，她还为"临时女儿"甜甜精心准备了图书、画笔、玩具等。"孩子太小，离开了家人肯定会又哭又闹，小孩子的特性就是爱玩，带着书本、玩具可以充实时间，以免甜甜太过于思念家人。我希望她在我陪伴的十四天里，她能够吃得好、睡得好、玩得好。"在离家之前，黄彩云抽空去超市买了一大堆的生活物资留给家人，希望家人在家平平安安。她还拿出女儿的拼图和绘本，安慰女儿说："当你想妈妈的时候，你就完成一个拼图，妈妈回来就可以看到，会非常高兴的。"

离别时刻的心情是十分复杂的，黄彩云心里有不舍、有担忧，更多的是对女儿的牵挂……

经过2月1日下午花都区防控办的简要培训后，晚上彩云就匆忙告别自己年仅3岁的女儿，带着行李奔赴隔离点，在医护人员的指导下，换上全套防护服，全副武装等待"临时女儿"甜甜的到来。

"临时妈妈"让爱不留空白——广州市花都区青年志愿者黄彩云的故事

初见,紧张

当天晚上 8 点 50 分,医护人员将甜甜护送到隔离点。回想起见到甜甜的第一眼,黄彩云心中满是震撼和心疼。"一开始我对自己要面对的这个小朋友是没有想象的,后来见到她的第一眼才突然觉得,在疫情期间随时会有小孩子陷入这样的困境。"彩云回忆道。她看得出来甜甜的迷茫和惊恐,这个孩子似乎无法面对突然和父母分开的事实,她只知道父母和姐姐好像生病了,但不是很能理解自己为什么需要隔离,还要在医院和酒店这些陌生的地方辗转。"之前在电视机上、网络上看到有关疫情的消息,都没有这种切身体会来得震撼。"这一刻,彩云心底的责任感油然而生,她深深地意识到了自己即将要做的事情对于这个家庭来说是多么重要,这一次志愿服务不同于以往。

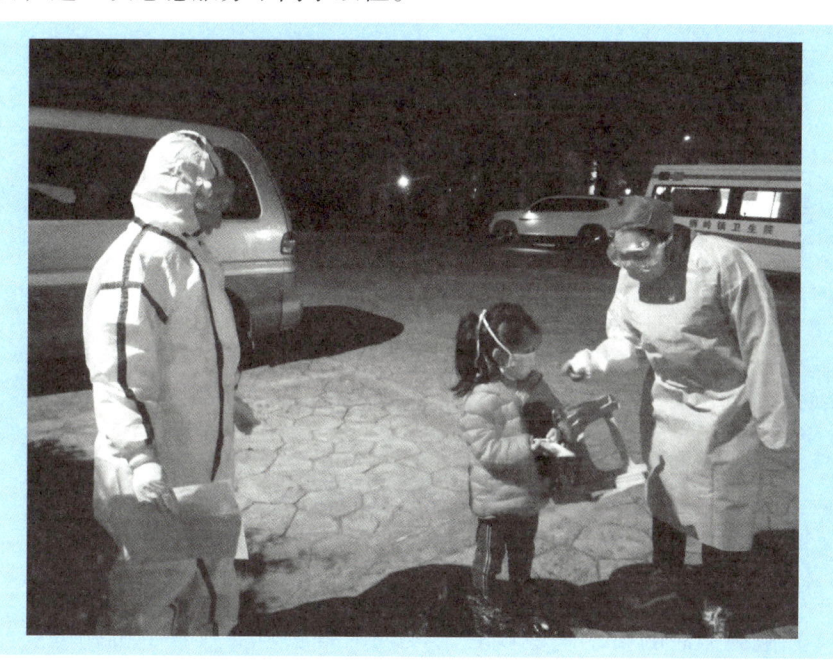

黄彩云与甜甜初次见面

守护的青春——记应急救援青年志愿者

当甜甜从救护车上走下来的时候，手里紧紧地握着一台手机。黄彩云细心地捕捉到了甜甜眼中的无助和恐慌，立马上前，半蹲着热情地对甜甜说："甜甜，你好呀！我是彩云阿姨，从今天开始，我会照顾你哦！"由于陌生的环境和陌生人带来的紧张感，甜甜只是紧紧地握着手里的手机，并没有说话。"这个手机，是在跟爸爸妈妈视频吗？"说着，彩云朝手机屏幕望去，它亮着光，手机的另一头，是甜甜的父母。从医院转运到隔离酒店，一个多小时的路程，甜甜的爸爸妈妈担心女儿会因为家人不在身边而感到不适、紧张，一直通过视频的方式陪伴着女儿。已为母亲的黄彩云立刻感受到了孩子家人的担忧和焦虑。"你们好，我是青年志愿者黄彩云，也是这十四天甜甜的'临时妈妈'，我们现在在××酒店，这里条件很好，政府的防疫工作做得很到位。我也是一位母亲，我一定会好好照顾甜甜的，请你们放心哦！我们现在先回房间安顿一下，迟一点我会给你们打电话，沟通一下甜甜的事情。"说完，黄彩云就带着甜甜回到了酒店房间。

安顿好后，黄彩云再次打通了甜甜父母的电话。黄彩云先是向甜甜父母详细了解甜甜的生活习惯、兴趣爱好、性格脾气等情况，以便在接下来的隔离期里更好地与甜甜相处。为了缓解甜甜离开家人的恐慌感，彩云巧妙借助机会鼓励甜甜跟父母分享从医院到隔离酒店路上的所见所闻，向父母展示自己的居住环境，以及"临时妈妈"彩云为她准备的图书、玩具等。经过一个多小时的交流，彩云和甜甜之间的关系有所亲近，甜甜放松下来，脸上也露出了当晚的第一个笑容。"悬着的心终于落下了，我们终于可以睡个好觉了！"甜甜的父亲卸下心中的担忧感叹道。

陪伴，亲如家人

在隔离酒店的第一晚，黄彩云发现，甜甜非要抱着手机睡觉。沟通后得知甜甜在来酒店隔离之前，已经在医院里独自住了3天，"我一醒来，就要打电话给妈妈。"甜甜怯怯地说。甜甜弱小无助的样子，十分惹

72

"临时妈妈"让爱不留空白——广州市花都区青年志愿者黄彩云的故事

人心疼。隔着防护服，彩云还是给了她一个大大的拥抱。当下黄彩云决定，每天拍摄一些照片，录制小视频，跟甜甜父母分享甜甜生活的点点滴滴，以此宽慰他们彼此之间的思念和牵挂。

"想要小孩子信任你，就要通过她最亲近的人来给她一些信号。我们跟她的父母经常联系，她就会觉得，原来我们跟她爸爸妈妈挺熟的，这样她就会比较容易接受我们。我们也会跟她的父母了解她的一些喜好、习惯，然后相应地去照顾她，让她觉得我们是了解她的，是可以信任的。"黄彩云是这么想的，也是这么做的。频繁的电话联系能够跨越空间的间隔，使得甜甜和父母的心紧紧地贴在一起，不再感觉孤独和无助，也为彩云和甜甜的交流构筑起一道桥梁。在通话中，甜甜还经常鼓励父母要安心养病，"等你们治好病，再来接我回家。"这是甜甜经常说的一句话。

甜甜其实是个很敏感的孩子，但她在医护人员和志愿者面前表现得十分乖巧，尽力配合着大家。"我们在帮助她，我也感受到她有在回应我们，在努力地配合我们。"这也让黄彩云更加心疼这个懂事的孩子，更加用心地照顾她。一开始，甜甜总是静静地待着，很少主动说话。黄彩云主动和她聊天时，她细细的声音透露出面对陌生人的紧张。随着相处时间的增加和感情的深入，甜甜越来越愿意主动聊天和玩耍。隔离房间里，经常洋溢着欢声笑语。甜甜没有了对病毒的恐慌，也不再因为环境的陌生而感到无助。渐渐地，甜甜对手机也没有那么依赖了，有时候因为忙于画画、做手工，还会挂掉父母的电话，以至于甜甜的母亲经常和彩云开玩笑说："你们把她照顾得太好了，她都不太想念我们了。"玩笑的背后，不仅是家长放下悬着的心，更是体现了"临时妈妈"黄彩云工作的细心、爱心和暖心。

渐渐地，甜甜在新环境里有了越来越多的安全感，对"临时妈妈"黄彩云也有了更多信任。"甜甜大概是来到酒店的第五天开始，可以不依靠抱着手机睡觉，会把手机放在床头柜上。"黄彩云回忆道。

黄彩云给予了甜甜无微不至的关爱，她给孩子洗澡、讲故事、玩游戏、做手工，照顾甜甜的饮食起居。"毕竟孩子这么小，没有父母在身边，我自己也是孩子母亲，十分了解孩子及其父母的想法。我一定要尽

守护的青春——记应急救援青年志愿者

最大努力,照顾好甜甜。也希望孩子家长安心治疗,早日康复,一家人早日团聚。"黄彩云说。

衣服脏了,洗。甜甜刚从医院转到酒店时,黄彩云发现甜甜的衣服脏了,在疫情防控的紧急关头,必须要做好个人卫生防护才可以避免感染新冠病毒。恰巧第二天阳光明媚,黄彩云就帮她把所有的换洗衣物都清洗干净,酒店没有洗衣机,彩云不辞辛苦用手洗;酒店没有阳台,彩云灵机一动在窗户上拉一条晾衣绳。经过一天的洗洗涮涮,穿上干净衣服的甜甜兴奋地说:"这衣服好香,有一股阳光的味道!"看到甜甜的笑容,身为"妈妈"的彩云即使辛苦也不曾感到劳累。干净的衣物上不仅残留着阳光的暖意,也留下了"临时妈妈"关怀的温度。

衣服不够,送。由于疫情突发,甜甜在离开家的时候,家人并没有机会好好地为她准备足够的衣物,很多生活用品都是到了医院后才现买的。现在转送到隔离酒店,时值寒冬,温度较低,黄彩云敏锐地注意到甜甜的衣服不够,为了避免甜甜因受凉感冒发烧,于是联系朋友给甜甜送来了保暖衣物。黄彩云也十分感动于在这期间积极支持她的朋友和志愿者们。"他们经常联系我,问我有没有缺什么物资,志愿者也给我们送来了很多东西。"彩云感激地说。

生活起居,照顾。从洗漱卫生到用餐营养,从白天游戏互动到夜晚睡前照顾,从关心拥抱到情绪疏导……黄彩云像照顾自己女儿一样体贴入微地照顾着甜甜,把她的时间规划得很充实,比如几点钟起床,什么时候吃饭,什么时候玩耍,什么时候吃零食,等等。十四天的酒店生活平凡而又幸福。彩云回忆道:"每天起床,甜甜都会主动跟我说早安,非常有礼貌,还主动要求我帮她梳头,就好像每天起床要求她妈妈帮她梳头一样,这让我感觉非常暖心。"彩云还说:"甜甜在对衣服和发型是否搭配方面很有自己的独特审美和个性风范呢!"小姑娘对美的欣赏和爱美的特性,常常让黄彩云忍俊不禁。

文化娱乐,安排。甜甜的隔离生活,绝不仅仅是满足吃住需求那么简单。在"妈妈"黄彩云的安排下,她每天都会坚持跳舞打卡。黄彩云帮她拍照,一起画画、写字、做手工,以及玩各种自己发明的游戏。"甜甜是个很活泼、很爱学习的孩子,每天都能坚持练习舞蹈动作和画画,

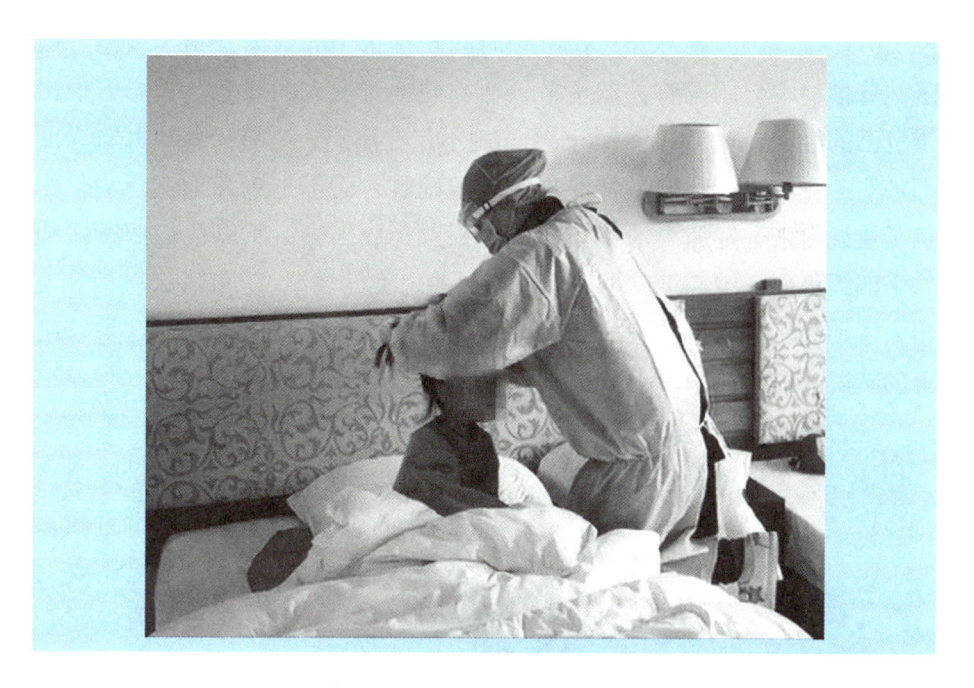

"临时妈妈"让爱不留空白——广州市花都区青年志愿者黄彩云的故事

黄彩云细心照顾甜甜的生活起居

她喜欢做这些。"除此之外,黄彩云还在狭小的房间里设计了各种比赛:捉迷藏、藏东西、挑战舞蹈动作、搞怪跑步等。黄彩云行李中提前准备的故事书籍、小玩具、小零食发挥了作用,帮助甜甜过得更加充实和快乐。乖巧的甜甜也有调皮的一面,有时候一起玩游戏,她会出一些鬼点子捉弄一下黄彩云,房间里顿时满是欢笑声。在这小小的房间里,彩云为甜甜建造了一方"乐园",每天紧凑的安排让甜甜在大部分时间里忘却了与家人分离的恐慌。

情绪辅导,谈心。为了缓解甜甜离开父母、初到隔离酒店的不安和焦虑,黄彩云发挥个人专业特长,每天都会跟甜甜谈心,鼓励她倾诉内心的想法和感受,和她一起憧憬美好的未来。"第一次跟爸爸妈妈分开,会害怕吗?""阿姨有一个比你还小两岁的女儿,阿姨也很想她,所以,阿姨很理解你想念家人的心情。""甜甜是我见过最坚强、最勇敢的女孩子。""甜甜这几天又学会了新的本领,等到我们回到家以后,爸爸妈妈一定会感到很惊喜的。"……黄彩云脑海里浮现出昔日的点点滴滴,她总是用轻柔的话语和坚定的鼓励,给甜甜带来信心和勇气。有时候甜甜半

守护的青春——记应急救援青年志愿者

夜惊醒要找妈妈，黄彩云总是第一时间安抚孩子的情绪并给予安慰，鼓励她分享梦中与妈妈有关的情节，让她倾诉对家人的思念。黄彩云说出了自己的经验，"特别是一个孩子，她不仅在隔离，也有一些离开家人的那种痛苦在心里。我们平常要主动去跟她聊，而不是刻意回避压力。小孩子要说出来，她那个情绪才能一点一点释放出去。所以我们照顾甜甜这十四天里面，她都没有出现过情绪崩溃之类的情况。"黄彩云坚信，说出来才不会将情绪压抑在心里，久而久之积压成心理问题。而这种情绪上的疏解，对甜甜来说十分必要。

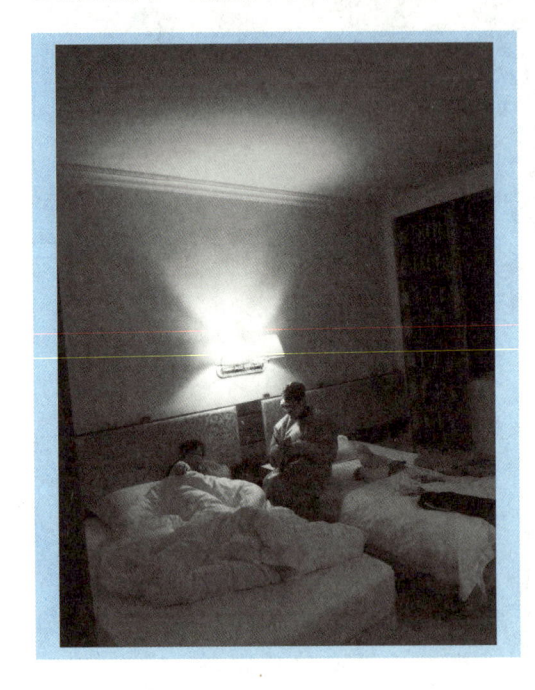

黄彩云给甜甜讲故事

健康检测，细心。在隔离期间，黄彩云每天都要按照医生的嘱咐，早晚各为甜甜测量一次体温，并登记。她还要对甜甜进行健康监测，关注甜甜的日常身体状况，有无出现咳嗽、发烧等症状，并每天将情况反馈给医护人员以及甜甜的父母。黄彩云回想起其中惊心动魄的一天：有一天早上，甜甜有一些咳嗽，黄彩云连忙将情况汇报给医护人员。医护人员第一时间带甜甜到区人民医院进行全面检查。"看到医护人员上门，甜甜的眼泪马上就出来了。"黄彩云先紧急联系了甜甜的父亲，并帮助他们与医院方面取得联系。由于身在隔离酒店，不能直接到医院照顾甜甜，黄彩云还特地联系朋友，嘱咐她帮忙给甜甜送去水果和生活用品。经过4天的检查和治疗，甜甜终于康复出院，再次回到隔离酒店。黄彩云终于如释重负，"感觉一颗悬着的心终于落了下来"。

核酸检测，揪心。隔离期间最令人揪心的，莫过于每次核酸检测后等待结果的过程，大家都害怕传来最不希望出现的消息。黄彩云和甜甜

"临时妈妈"让爱不留空白——广州市花都区青年志愿者黄彩云的故事

在隔离期间总共做了七次核酸检测,如果把核酸检测看成是一个通关游戏,每一次的阴性结果都感觉是甜甜和黄彩云一起闯过了一个关卡。每次结果一出来,黄彩云总是第一时间告诉甜甜父母,让他们放心。与此同时,黄彩云一直想各种办法让甜甜不那么慌张。甜甜提到医护人员把爸爸妈妈带走时她很害怕,黄彩云会温柔地告诉甜甜:"爸爸妈妈和姐姐正在打小怪兽,等他们胜利了,就会来接你。"当甜甜询问为什么总是需要做检查,彩云回答说:"小怪兽在和我们捉迷藏,我们要想办法把它找出来。"甜甜对此深信不疑,不仅积极配合接受各种检查,等待与家人团聚的过程也变得不再那么焦虑。

思念心切,分别不舍

和甜甜的互动常常让黄彩云想到自己的女儿。离家十四天,和女儿匆匆告别,黄彩云把对女儿的思念藏在心底。"思念的尽头,是不敢触碰。"黄彩云回想起隔离期间对女儿的思念满怀感慨。女儿仅3岁,平时对母亲十分的依恋,第一次这么长时间与母亲分离。彩云很感谢家里人照顾女儿,帮助女儿打卡和督促学习,做她的坚实后盾。"那时候,女儿在幼儿园会有一些作业要打卡,家里人给她录了视频,也会发给我看一下。女儿有时候也会给我发语音。"由于对女儿的强烈思念,黄彩云只敢在独自一人的时候才翻看来自家人和女儿的一条条信息。女儿虽然年幼,但却能够理解妈妈,最常说的话是"妈妈,你把这个小姐姐照顾好了以后,就早一点回家"。听着女儿天真烂漫的声音,黄彩云常常忍不住泪流满面。黄彩云忍住不联系,将对女儿的思念,寄托到对甜甜无微不至的照顾中。

黄彩云离家的日子,是与甜甜相见的日子;甜甜回家的日子,是黄彩云与甜甜分别的日子。经过十四天的相处,这对"临时"母女彼此之间培养了深厚的感情。分别那一天,"那种感觉很复杂。怎么说呢,有点兴奋、有点期待,但又有点伤感、有点不舍。"回忆起那一天的场景,十四天隔离期已满,黄彩云一早就和驻点的医护人员沟通甜甜回家事宜。

黄彩云把这个好消息告诉甜甜，甜甜高兴地跳了起来。年仅5岁的她，急切地跑回房间，开始收拾自己的行李。离别之际，甜甜紧紧地抱住黄彩云，把手伸进防护服里，摸了摸彩云的衣服，眼里满是不舍。黄彩云心想："等疫情结束，我一定要好好地抱一抱你。"

送走了甜甜，黄彩云开始进入为期7天的自我隔离。一想到隔离结束后，就可以和日思夜想的女儿、家人团聚了，她对未来的一个星期充满了期待。

对于十四天"临时妈妈"的经历，黄彩云总结出了一个重要经验，那就是不要只把自己当成生活上的照料者，而是要走进孩子的内心。首先，志愿者作为临时家人，一定要和孩子的家人保持密切联系，一方面向孩子的家人了解孩子的生活习惯、喜好、禁忌等，方便照顾孩子；另一方面要把孩子隔离期内每天发生的事情反馈给他的家人，这样除了可以免除孩子家人的担忧之外，还可以让孩子看到你们的互动，增强孩子的信任感。"小孩始终最牵挂、最信任、最离不开的就是自己的父母。如果我们跟他的父母很好地沟通和互动的话，孩子也会更容易接纳我们。这一点是特别重要的，因为我们都知道一个人的需求不可能仅限于吃饱穿暖，人是一种有情感的动物。所以其实远远不止是生活上的照顾，可以说是一种从身到心的陪伴。"黄彩云这样描述她的感触。

结下善缘，传递温暖

2020年5月，距离"临时妈妈"任务结束已经过去了3个月。一天，黄彩云的办公室迎来了几位特别的客人——甜甜和她的家人。面对一家四口的专程探访与感谢，黄彩云感到十分意外，同时又深受感动。虽然和甜甜三个月未见，与甜甜父母也是第一次线下见面，但他们却像亲人一般亲切相处。大家聊着家常，聊着各自回到正常生活的近况。黄彩云还向甜甜一家人介绍自己过往参加志愿服务的情况——她自2019年成为花都区青年地带志愿服务队的青年志愿者以来，一直参加对青少年的志

"临时妈妈"让爱不留空白——广州市花都区青年志愿者黄彩云的故事

愿服务,疫情之后更是多次参与疫情防控志愿服务。甜甜一家人感动于黄彩云的无私、热心,当即表示以后也要像黄彩云一样全家动员参加志愿服务,尽自己所能去帮助更多的人。一场因疫情结下的亲缘,演绎了出美丽的相遇和温暖的故事。

"临时妈妈"黄彩云的事迹一经传播,就引起了社会大众的关注,多次受到CCTV13、人民网、广东电视台、广州电视台等国家、省、市各级媒体专题报道。黄彩云2020年还被评为团中央抗击疫情志愿服务先进个人,获得广东省向上向善好青年、广州好人、花都好人等荣誉。正如黄彩云所说:"重要的是,我通过自身的参与,深切地感受到在这一场疫情中我们国家制度的优越性、我们国家公民的责任心,以及我们当代青年志愿者的勇气与担当。"为了用自己的亲身事迹感动和号召更多的青年人投身到志愿服务的队伍中,黄彩云先后参加了团省委"因为有你,才了不起"学雷锋专题节目、团市委"花城有爱 青年有为"青春故事会等节目的录制,并在团市委举办的2020年五四青年节101周年主题团日活动中担当演讲嘉宾,与大家分享自己的战疫故事,彰显青年志愿者激昂的青春。"我觉得不管你有什么能力,不管你是什么身份,去做一些力所能及的事情,而不是一直被动接受别人的服务,或者总是等别人来服务我。做一些让自己感觉有价值的事情还是非常有意义的。"这是黄彩云想对大家说的话。青春的列车一直向前驶去,我们不能选择停留,但是我们可以播下希望的种子,让它在我们所经之处茁壮成长,为需要的人遮风挡雨。

2020年以来,黄彩云结合自己的抗疫故事,输出课程"绽放战疫青春,坚定制度自信",为广大青少年开展主题讲座十余场,共有2000多名青少年参与讲座。黄彩云发现,越来越多的青年人参与到防疫志愿服务之中,这正体现了民族自信和民族自豪感的提升,大家都能够热心地去参与志愿服务。"跟大家分享我的事迹,并不是因为我本人有多了不起,我只是想让大家知道,在疫情困难之时,渺小的我们可以有所贡献,展现我们青年的责任担当!"这是黄彩云参与志愿服务的肺腑之言,也是她对青年人发出的时代号召。

守护的青春——记应急救援青年志愿者

黄彩云分享自己的志愿服务故事

总 结

　　黄彩云的志愿故事不止有"临时妈妈"。在疫情期间，黄彩云带领志愿服务团队，通过电话、微信等手段，构建"0接触"工作机制，积极投身抗击疫情心理援助工作，为因疫情受困的群众解决生活难题。截至2020年3月15日，共电话访问困难群众180人次，为群众提供情绪疏导55人次，开展心理辅导6人次、心理测评4人次，挽救1名因疫犯罪的青少年回归正途，助力1名因疫受困的青少年回归家庭。她在工作中了解到部分人群亟须防疫物资，于是发动社区爱心人士，募捐到一批防疫物资，包括消毒液1688瓶、口罩5000个，并将这些防疫物资送到困难学生、困境长者以及入住花都区的9个定点隔离酒店的归国人员手中。

"临时妈妈"让爱不留空白——广州市花都区青年志愿者黄彩云的故事

随着疫情的好转，复工复产有序推进，路上行人越来越多，其中不乏麻痹大意，甚至没戴口罩就外出的人。于是黄彩云利用业余时间，和小伙伴们一起开展户外宣传服务，为路人测量体温，普及防护知识，不厌其烦地提醒大家做好防疫措施。

在进行防疫志愿服务的过程中，黄彩云也见证了广州效率、广州温情。"我们现在一有疫情，招募志愿者时都有很多人响应。其实每一个人都有自己的家庭，都有自己的难处，但是大家都尽量地把时间安排出来。"黄彩云由衷地为自己是广州人而自豪，"像我们花都区，基本上居委只要发出一个群二维码，说一个地点，这些志愿者、居民们就会积极报名进群，然后自行去到某一个集中点，自行去安排服务的过程、分班等，所有的事情就很顺利地开展了。我觉得这真的是很厉害的事情。"

爱是一种无声的诺言，只要轻轻一点火花，就能让世界充满温暖；爱是一种无偿的交换，只要小小一缕奉献，就能让彼此真诚相待。黄彩云牢记青年一代的责任担当，用行动践行"奉献、友爱、互助、进步"的志愿精神，以"舍小家，为大家"的大爱，谱写了一篇动人的乐章。

黄彩云平时参与志愿服务

81

守护的青春——记应急救援青年志愿者

"救"你在身边，不留遗憾
——东莞市宝屯社区 志愿服务队队长卜莎莎[①]的故事

在东莞市厚街镇的宝屯社区里，有一支救援队伍。他们头上戴着草帽，身上穿着紫色马甲，肩上背着重重的应急救援包和健康管理包，挨家挨户为服务对象测量血压、血糖、血氧、BMI 指数等，密切关注老人的健康变化情况。他们的身影时常出现在社区的突发事件、应急培训、疫情防控现场，他们平凡且普通，却是居民离不开的"英雄"。

2021 年 8 月，卜莎莎（右一）带领急救志愿者在宝屯社区巡逻

① 卜莎莎，厚街镇宝屯社区志愿服务队队长，广东省首批中国心肺复苏培训导师。志愿服务时数约 3500 小时。全力以赴投入应急保障、敬老帮扶、乡村振兴等服务，曾获 2021 年广东省学雷锋志愿服务先进典型"最美志愿者"、2022 年"广东好人"等荣誉。

"救"你在身边，不留遗憾——东莞市宝屯社区志愿服务队队长卜莎莎的故事

2022年3月26日晚11时，刚刚结束了东莞新冠肺炎疫情发生以来的第9次全市大规模核酸检测。在此前的10多个小时里，有个熟悉的身影从早到晚一直在核酸现场未曾离开过，就是东莞市厚街镇宝屯社区志愿服务队的队长卜莎莎。社区居民谈起卜莎莎，总是对她十分称赞和夸奖。

一次遗憾，踏上志愿者之路

当被问起"你为什么在业余时间选择做一名应急救援志愿者"时，卜莎莎的思绪总是会回到了七年前的那一天。那是卜莎莎和儿子第一次参加宝屯社区开展的探访独居老人的志愿活动。在这次活动中，卜莎莎与一名独居老人刘爷爷相识，并对其留下深刻印象。

破旧的传统瓦房、脏乱的居住环境，老人家拖着体弱的身子颤颤巍巍地向来访者挪动……她说："我现在回想起当时去刘爷爷家看到的场景，尤其是看到桌子上排列着大大小小的药品罐子和随处可见的药片时，我当时猜想老人家的身体可能处于一种不是很好的状态。"在志愿服务之前，卜莎莎特地了解过独居老人的一些基本特性和需求。得知独居老人平时缺少情感上的关怀和关注，卜莎莎想：自己作为一名志愿者，可以在平时给予独居长者心理上的陪伴。然而，沟通的过程并不顺利，刘爷爷说话不怎么清晰，加上用的是厚街方言，卜莎莎只能依靠社区工作人员的翻译与刘爷爷交流。即便如此，她仍能明显地感受到老人家是非常开心的。"刘爷爷的这份开心，是来自于有人愿意花时间去看他、陪他、和他聊天，不会孤零零一个人在家里。"

志愿服务结束后，卜莎莎仍牵挂着刘爷爷的身体状况。之后和孩子在春节期间去看望老人家时，他们在一条条相似的街巷中迷了路，没有找到刘爷爷的住址，因此推迟了探访计划，当再次联系社区时却被告知刘爷爷已在春节时去世。卜莎莎听到这个消息时心情十分沉重和复杂，陷入因遗憾而自责的情绪中。卜莎莎不禁感叹，人生易逝，有些事情既

守护的青春——记应急救援青年志愿者

然想到了，就要趁着当下的时间赶快去做，而不要等待，否则错过了就会成为一生的遗憾。卜莎莎自己也未曾想过，这份遗憾对她接下来选择长者领域、选择应急救援领域的志愿服务产生了深远持久的影响。

在后来的一年里，卜莎莎主动参加更多的志愿服务活动，尽已所能地帮助别人，对社区长者领域愈发了解和熟悉。在参与志愿活动的过程中，卜莎莎切身体会到宝屯社区长者领域的志愿活动存在较大的空白，如果有更多的志愿活动，就能走访更多的居民，但当时社区没有志愿服务队伍可以组织开展这类活动。各种机缘之下，宝屯社区的第一个志愿服务队于2016年12月成立了，卜莎莎扎根社区，开展一系列志愿服务。

救援之路，任重而道远

起初，卜莎莎所在的志愿服务队开展的服务主要是一些常态化的社区志愿活动以及社区长者探访活动。

一开始社区长者既不认识他们，也不了解志愿者是干什么的，因此走访社区时志愿服务队处处碰壁。但卜莎莎不气馁，一直主动、热情地与长者们相处交流。她说："我相信，只要我真心对待别人，别人也会真心待我

2021年2月，卜莎莎（右一）上门探访宝屯社区长者

们。"在朝夕相处间，老人与卜莎莎的关系越来越亲近。一段时间后，老人见到卜莎莎及队友们来社区开展服务，会主动向志愿者打招呼，拉着

"救"你在身边，不留遗憾——东莞市宝屯社区志愿服务队队长卜莎莎的故事

她们唠家常。天气炎热时，还会拉着进入家里，给她们倒上一杯水、给上一颗糖。"有时候你推托不吃的话，他们还会像小孩子一样对你耍上小脾气呢！"卜莎莎笑道。

不仅如此，社区长者也通过卜莎莎，开始对志愿者、对宝屯社区志愿服务队有了进一步的认识。在长期接触中，社区长者和志愿队伍之间建立起了朋友间的亲密关系。卜莎莎说："我的父亲已经去世，母亲则因为工作原因没有和我生活在一起。在和社区长者相处中，我时常会想到自己的父母。因此，对于我来说，社区里的这些老人家们，说是服务对象，我更愿意把他们当成是自己的亲人那样对待。"

某天，还是像往常一样，卜莎莎在社区里进行志愿服务准备，突然被社区的工作人员拉到一边，告知"今后不用再去某位长者家里了"。卜莎莎听到后心里突然一震，很快便明白这句话背后所包含的意思，不得不忍着强烈的不舍和难过把离世的老人名字从名单中删掉。

表面上，删掉的只是一位长者的名字和信息，但对她自身而言，却无法像删去名字那样轻易抹去和老人家之间日久相处的回忆和陪伴建立起来的情感。正如卜莎莎所说："这或许也是我一直以来害怕接触高龄长者的一个重要原因。每当我走到社区里时，老人家的一声声招呼和问候便牵扯着我的心，我害怕自己还没有从上一个老人离世的情绪中缓过来，又被告知哪个老人离世的噩耗。那一刻的心情是非常失落的，真的是心痛的感觉。"

正是基于这些因慢性病和突发状况而无法挽回的伤痛和离别，卜莎莎发现社区里很多长者对慢性病的认识不够，健康管理意识和急救知识不足。这引发了她的思考：我能做些什么？我该做些什么？我怎样才能最大限度地防止、减少这些悲剧的发生？

为了改变这一现象，卜莎莎认为自己首先得懂健康管理、懂应急救援，才能更好地帮助社区长者正确认识身体的疾病，对自己的身体健康负责。2018年5月，她毅然报名参加由厚街镇团委、厚街医院联合开展的急救培训班，通过努力先后考取厚街医院初级急救证书、美国心脏协会（AHA）国际认证急救员证书、广东省首批中国心肺复苏培训导师证，随后加入厚街华夏协同急救志愿者服务队。

守护的青春——记应急救援青年志愿者

"我们团队在实践中不断对工作方针进行调整。考虑到70岁以上的长者很难通过短时间的教育改变长期的生活方式，调整为从50岁以上的低龄长者入手，从帮助他们养成良好的生活方式、健康饮食及科学用药习惯出发，消除危害健康的因素。"与此同时，为了扩大急救分队服务范畴，更好地服务社区居民，卜莎莎在宝屯社区急救分队的基础上，引进专业师资力量，积极组织和开展社区健康管理与慢性病防控、居家康复培训班，培养社区健康促进志愿者，迄今为止共培养了98名掌握一定健康管理技能的社区健康促进志愿者，并组建了一支专业社区急救队伍。

2022年1月，卜莎莎（左三）给志愿者分配社区健康走访工作

每逢周五，卜莎莎便带领健康促进队的志愿者们走到社区或长者家中，为社区残疾人、低保户、孤寡老人以及65岁以上长者等弱势群体开展常态化健康管理公益活动，提供动态血压、血糖、血氧、BMI等检测，控油控盐等健康教育及健康危害因素干预等，并为其建立"一户一册"的健康管理服务档案。

2021年5月28日下午，健康促进志愿队例行开展常规健康管理服务。他们来到社区独居老人陆伯伯的家中，正准备给他测量血压时，发现他右手手臂上绑着一块纱布，纱布已渗着血并且发黑，一问得知几天

"救"你在身边，不留遗憾——东莞市宝屯社区志愿服务队队长卜莎莎的故事

前，陆伯伯在煮饭时不小心烫伤了手，自己去了社区卫生站处理伤口。由于陆伯伯年纪较大，走路不方便，已经几天没有按照医嘱换药而导致伤情加重。卜莎莎得知后立即带领急救志愿者为陆伯伯的伤口消毒、重新包扎，避免伤口感染。此后，每天卜莎莎都会安排急救志愿者上门为陆伯伯进行伤口处理，直至愈合。

2021年6月，卜莎莎（右一）在宝屯社区为长者测血压

卜莎莎说："社区里独居老人很多，像陆伯伯这样的情况不是个案，在社区健康管理服务过程中时有发生。"为了能更好地帮助社区长者解决疾病问题，卜莎莎进行了很多次探索，确定了一套工作机制。"首先，选拔的志愿者是经过系统性急救培训，并考取相关证书，能掌握基本的慢性病防控知识，能进行健康评估和健康危害因素干预。其次，在常规健康管理服务的过程中，若发现服务对象血压、血糖、血氧、BMI等数据异常，会由健康促进志愿者进行评估，如发现有健康危害因素则及时干预，若发现服务对象需要就医就会立即联系社区居委干部，由社区通知其家人进行后续处理。"卜莎莎介绍说。除此之外，宝屯社区发展出一个"志愿者＋网格员"的创新志愿服务模式。应急志愿者从社区中来，到社

区中去，与社区网格员结对子。卜莎莎说："网格员或者是应急志愿者在巡查过程中发现片区里有居民意外受伤，应急志愿者和网格员可以相互协助，利用对讲机和急救包进行紧急救护。社区还配备了AED（自动体外除颤仪）、人工呼吸球囊面罩等急救设备，打造社区四分钟心搏骤停急救黄金圈。"

卜莎莎在社区健康管理志愿服务的道路上做了很多努力。当问起如何与社区居民进行有效沟通时，她的秘诀是"拉家常"。在"拉家常"的过程中，卜莎莎普及慢性病防控知识、传染病预防知识，纠正社区居民的不良生活方式，以此来提升他们的健康意识和水平，减少因慢性病引起的突发状况。

救人，她毫不犹豫

回想起第一次"救人"的经历，卜莎莎开玩笑说："说真心话，当时处理完后手还在抖，还是有点紧张的。但我不后悔。"2018年10月1日晚，卜莎莎在与朋友开车回家的路上，经过荔枝园时看到一群居民围在一起，有的在打电话，有的在大声呼叫，他们神情着急的样子让卜莎莎意识到可能有紧急情况发生，需要紧急救护。"当时已经是晚上十点多，天色黑暗加上路边灯光比较暗，其实当时心里是有点害怕的，围观行人一直不敢贸然上前救助。"到达现场后，卜莎莎看见一名阿姨躺在路灯下面，四肢僵硬，全身呈绷紧扭曲的姿势，头颈抽动伴随着呕吐。卜莎莎心里"咯噔"一声。

得益于受过专业急救培训，卜莎莎快速识别出患者疑似癫痫发作，并运用课堂上所学的抽搐急救技能对患者进行现场救护。卜莎莎说："当时看到癫痫患者躺下的地方散落着一些路灯底座安装时遗留下的长螺丝钉，担心会对患者造成二次伤害，自己也没有想太多，就上前动手把患者移动到旁边安全的地方，并请行人帮忙拨打120和其家人电话。"1分多钟过后，癫痫患者慢慢恢复到清醒状态，但卜莎莎担心患者情况，一

"救"你在身边，不留遗憾——东莞市宝屯社区志愿服务队队长卜莎莎的故事

直没有离开，直到家属赶来。从家属那了解到这位患者经常出现癫痫突发的情况，而家属一直对患者施以错误的处理方式，卜莎莎耐心地给家属普及癫痫患者发作的正确处理步骤和方法，围观的行人连连感叹道，"一直还以为是要塞东西进去防止患者咬到舌头，原来这是错误的"。当时，卜莎莎还是个应急救援的初学者，刚拿到专业证书不久就在现实生活中遇到突发情况，她十分庆幸应急救援知识发挥了重要作用，这也让她更加坚定要把应急救援志愿服务品牌打响，让更多的百姓学会急救。

2018年12月16日下午，卜莎莎经历了第二次"救人"。当时，她刚好和几名急救志愿队的队友结束了一场志愿活动，在回程中突遇一辆摩托车失控撞到街边门店的卷闸门，她和队友立即前往进行紧急救护。卜莎莎疏散围观人群以保持车祸现场环境安全，队友也及时拨打了急救电话。在评估车祸当事人体征时，卜莎莎快速判断出当事人意识清晰，能清楚进行对话，但头部有流血。为避免失血过多造成更坏的结果，卜莎莎利用随身携带的急救包对当事人实施正确且科学的包扎止血措施。

也许你会诧异：卜莎莎为什么能轻松应对？其实这一切都离不开卜莎莎坚持不懈的练习。在第一次紧急救援后，卜莎莎也认识到自己在理论和实际操作上存在许多的不足，心态上也不够稳定。于是在后来的一段时间里，卜莎莎继续积极参加应急救援培训，进行无数次的反复练习。为了让训练更加真实，她常常把自己的队友、亲人抓过来进行练习，这绑一绑，那绑一绑，练习的次数多了，慢慢地加深了卜莎莎的肌肉记忆，应对处理变得自信、有序和从容。在此后的生活中，卜莎莎遇到的突发事件不在少数，只要遇上，她都会毫不犹豫地向患者施以援手，挽救他人生命，帮助其渡过难关。卜莎莎回想起自己成为应急救援志愿者的初心，说："我希望人人都会急救，人人都能施救，每个人遇到突发状况都可以从容正确应对。"

在开展应急救援志愿服务过程中，她积极组织专业医学博士进入厚街镇辖区内各小区、街巷、商会、公园、学校等对民众进行各类急救、安全、健康知识宣传与系统授课，开展了多种多样的应急救援的培训和课程，培训的内容不仅有日常比较常见的创伤、摔伤、骨折之类的外伤处理，还有心肺复苏等，帮助更多的人学习专业的处理技能。

守护的青春——记应急救援青年志愿者

在相关政府部门的支持下，2018年12月，卜莎莎开始组建宝屯社区急救分队并建立AED（自动体外除颤仪）急救站，对社区和警务区工作人员、志愿者和社工、网格员进行多期系统性急救培训，共帮助187名学员取得急救培训结业证书，37名学员考取美国心脏协会（AHA）国际认证急救员证书。这些学员里面也有卜莎莎的儿子。"我儿子从小和我一起做志愿服务，到现在已经有700多个小时的志愿时长，同样也跟着我一起考了美国心脏协会（AHA）国际认证急救员证书。为什么要让他学这些呢？我想的是他作为一个男子汉，应该承担起保护家人、保护身边人的责任和担当。"

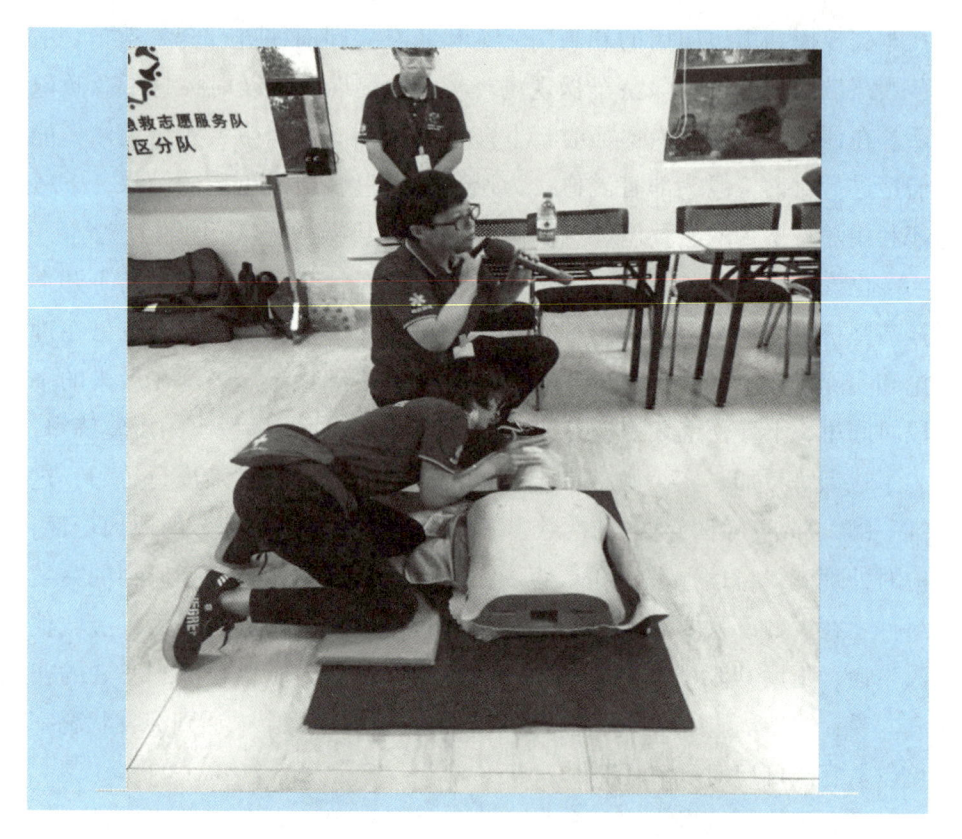

2021年5月，卜莎莎（居中）在宝屯社区开展急救技能培训

"救"你在身边，不留遗憾——东莞市宝屯社区志愿服务队队长卜莎莎的故事

应急救援志愿服务，一直在路上

2020年初，新冠肺炎疫情暴发以来，社区战"疫"行动打响。每次只要社区有需要，卜莎莎都会迅速放下自己的本职工作和家庭，全身心投入到志愿服务的工作中。从组织募集志愿者，到分配志愿者工作，再到清点应急装备和物资等，为大规模核酸检测做好一切准备工作，完成时往往已到凌晨。可当躺到床上时，卜莎莎的脑子里仍在高速运转，思考着：工作是否安排到位？有没有哪个地方遗漏了细节？第二天现场的安排是否合理……当她思考完这些问题时，天也将近破晓，卜莎莎没睡几个小时，一大早又出现在大规模核酸检测的现场，引导秩序，解答群众问题，对意外状况现场进行处置等，从早上一直坚守到晚上12点。

在这场看不见的硝烟的攻坚战中，卜莎莎和她的志愿服务团队坚守现场，为广大群众做好应急保障服务，是社区战疫的重要力量之一，无论是社区干部还是居民群众都称赞说："有他们在，很安心！"

2022年4月，卜莎莎（左一）参与宝屯社区防疫应急保障服务

守护的青春——记应急救援青年志愿者

截至2022年,卜莎莎带领志愿服务队已度过了六个春夏秋冬,服务队实现了从无到有、从自发到自觉、从业余到专业的巨大转变,从最初不足10人的一支小队伍,发展到现在已扩大至573人,并相继孵化了4支志愿服务分队——厚街镇华夏协同急救志愿服务队宝屯社区分队、宝屯社区万达(厚街)志愿服务分队、宝屯社区志愿服务队文明分队和宝屯社区志愿服务队汇景华府分队,经历了一个逐步建立、不断规范、日趋完善的过程。志愿服务队成立至今已累计开展超800场志愿活动,其中参与应急救援类的志愿服务近200场,累计向社会提供超76500小时的志愿服务时长。由卜莎莎打造的"健康宝屯,与你同行"项目获得2020年东莞市志愿服务先进典型"优秀志愿服务项目"荣誉,"i在宝屯,绿留巷间"项目获得2022年东莞市志愿服务项目大赛初创型项目一等奖荣誉。卜莎莎获得2021年广东省学雷锋志愿服务先进典型"最美志愿者",她的团队获得东莞市2022年志愿服务先进典型"优秀志愿服务组织"称号。

卜莎莎在志愿服务的这条道路上还在不断成长。在宝屯社区志愿服务队的发展中,卜莎莎遇过很多困难:队伍成立之时一穷二白,连自己的队服都没有;在过程中也出现过队员流失的情况;由于经验不足,队伍在管理方面也曾遇到过困难。种种问题都压在卜莎莎这个队长的肩上。幸好有社区书记、队员的相互扶持和帮助,卜莎莎慢慢摸索出解决问题的办法,制定了志愿服务队的规则和纪律,设计制作了队服以及探索出适合志愿队的管理办法。当问到卜莎莎是如何进行管理团队时,卜莎莎笑着说:"我哪有什么管理方法,我一直坚信自己之所以能管理四支志愿队伍,靠的是用心。"

也许是卜莎莎身上所具有的亲和力、乐观和风趣,由她带领的服务队整体氛围民主且活跃,每一位志愿者都能够在这里找到自己的价值。"在我们志愿队,大家能干、能吃、能玩!"正是因为对服务队以及成员怀着一颗真诚的心,卜莎莎才使500多人的4支志愿分队不断发展壮大,志愿服务形式不断丰富。

卜莎莎透露说,在接下来的工作计划中,志愿队伍将和东莞市民生大莞家一同合作,由志愿队设计、东莞市民生大莞家出资,向社会公共

"救"你在身边，不留遗憾——东莞市宝屯社区志愿服务队队长卜莎莎的故事

2021年5月，组织开展社区网格员应急培训

场所、社区家庭进一步推广居民急救包，让应急救援走进千家万户，走进民众心中。在"i在宝屯，绿留巷间"项目里，卜莎莎带动高校青年志愿者、亲子志愿者、社工、居民共同参与，通过改造旧墙、老墙，在墙上进行墙体绘画，同时运用废弃轮胎、木头、水管等作为容器种植生态植物，美化村落环境，改善村里的脏乱差现象，带动居民共同致力于提升村容村貌。

为了更好地呈现成果，卜莎莎在策划墙绘主题之前，曾去其他社区开展过实地考察，最后决定让宝屯社区墙绘设计方案不同于其他社区，采取一条巷子一种主题的形式。在墙绘主题的选择上，卜莎莎也进行过一番考虑，当时正值中国共产党建党100周年的大日子，首先选择了"童心向党"这一个党建主题。在另一条巷子中，卜莎莎联动两大项目，以"健康"为主题，营造一种健康生活的社区氛围。在墙绘的实践过程中，卜莎莎从墙面的设计到效果的呈现，再到社区古建筑的再利用与开发，都有着一系列有趣、新颖的想法。她巧妙利用社区老房子所具有的青砖特色，通过刷保护油的形式，既保存老旧建筑的历史文化韵味，又节省了刷白墙的成本。

守护的青春——记应急救援青年志愿者

秉承着"奉献、友爱、互助、进步"的志愿精神，卜莎莎利用业余时间，积极带领急救分队开展普及全民学急救的活动，参与社区走访、疫情防控、环境治理以及组织管理各类大型活动的急救保障志愿服务，在应急救援领域形成了丰富的实务经验。她从不计较回报和名利，助人为乐的情愫和志愿精神已经融入了她的血脉之中。未来，她表示会继续带领着志愿服务队伍在社区里探索更大的发展空间，继续深化"健康宝屯，与你同行"以及"i 在宝屯，绿留巷间"这两大项目，不断深化服务项目，扩大志愿者的服务范围，提高志愿服务的质量和档次，以满足不同群体的需要。

十年志愿情，一份真诚心

参与志愿服务的十年里，卜莎莎对"志愿者"这项事业有了自己的理解。"一颗向善的心，做一些力所能及的事，帮助他人，服务社会，这都是一种志愿服务。"

从 2012 年一名普通的志愿者，到组建志愿服务队，再到成为队长，卜莎莎用了近十年的时间，把志愿服务变成了一种生活习惯。过往十年的点点滴滴都让她感受到服务的快乐、奉献的快乐、人生的意义、志愿的精神以及生命的美好。

她下定决心把应急救援志愿服务作为自己一项终身的事业，一直做下去。

与时间赛跑，为生命拼搏
——应急救护青年志愿者梁修飞[1]的故事

近年来，关于市民猝死的新闻频频出现，令人不禁扼腕叹息。导致他们遭遇不测的"罪魁祸首"是心源性猝死。国家心血管病中心发布的《中国心血管病报告2016》显示，每年我国心源性猝死的发病人数超过54万人，相当于每天有约1500人因心源性猝死离世，其中60%以上发生在医疗机构之外，患者由于不能够及时得到有效的抢救治疗而失去生命。

梁修飞为志愿者们示范胸外心脏按压

---

[1] 梁修飞，广州市手拉手志愿服务促进会党支部书记、会长，志愿服务时数近6400小时，发起"白金十分钟"应急救护科普培训等项目。先后荣获全国学雷锋志愿服务"最美志愿者"、全国敬老爱老助老模范人物、广东向上向善好青年、广东省最美志愿者、"广东志愿服务金银铜奖"个人金奖等荣誉称号。

守护的青春——记应急救援青年志愿者

因此,提升高危人群有效预防心源性猝死的意识,打造预防心源性猝死的第一道防线刻不容缓。

"做胸外心脏按压时,首先要找到两乳头连线中点位置,然后用左手掌根紧贴患者胸部,两手重叠,左手五指翘起,双臂伸直……"这是梁修飞开展急救科普培训时反复重复的话。

梁修飞是一名"95后"青年党员,红十字会应急救护培训师,现任广州青年志愿者协会副秘书长、广州市手拉手志愿服务促进会会长、白云区青年志愿者协会执行会长,参与志愿服务已经有15年。

埋下一颗种子

2014年,梁修飞乘坐火车从安徽老家出发来广州读大学,经过阜阳站时,身边突然有人倒下,心跳、呼吸都骤停。梁修飞焦急万分却无能为力,周围也没有人懂急救,无法施以援手。等到医务人员到来时,已无力回天。

梁修飞参与志愿服务活动

与时间赛跑，为生命拼搏——应急救护青年志愿者梁修飞的故事

这个场景让他受到巨大冲击，第一反应是后悔自己没有报考医学专业，接着便萌生一个念头——有机会一定要学习急救知识，在别人有需要的时候，有能力去帮助他们。从那时起，梁修飞的心里就埋下了一颗急救服务的种子。

这个念头绝不只是想想而已。进入大学后，在学习专业知识的同时，梁修飞阅读了一本本有关急救的书籍，上网寻找急救课程学习。随着急救知识的积累，梁修飞报名成为医院注册志愿者，与急诊科医务人员一起学习院前急救，即在院外对急危重症病人的紧急抢救，学会之后便参与各类户外应急保障活动，将所学习到的理论知识运用于实践。在医院做志愿者的过程中，梁修飞看到在医务人员的救治下，一位位患者得到有效的治疗，康复出院，这对他无疑是最大的鼓舞。慢慢地，他热爱上了应急保障和急救知识科普这项志愿服务活动。梁修飞以志愿者的身份参与医院院前急救知识培训班，考取红十字会救护员证书，成为急救知识科普培训活动助教；后来又考取应急救护师资证书，参与急救科普知识培训授课，成为急救知识科普培训队伍中的新生血液。

一开始，在同学的眼中，梁修飞是个"不务正业"的学生，每天"神龙见首不见尾"。在同学们课余学习、考证、旅游唱歌、娱乐放松的时间里，梁修飞总是跑出去做志愿者，"没有什么兴趣爱好"。梁修飞对此回答道，"做志愿活动就是我的兴趣爱好。"其实，梁修飞从来没有停下学习的脚步。大学期间，他不仅考取了本专业的会计证，还考取了社工证、计算机证等各类证书。他认为高效率的学习才能为志愿活动挤出更多时间。

大多数志愿活动都是早上8点开始。因此，周末的清晨，当舍友还在熟睡时，他就已经出发了。有一次去大夫山南门志愿驿站参加活动，那段路程还没有地铁，梁修飞5点30分起床，6点10分就已经坐上了公交车，转车两次、用了一个多小时，才终于到达了服务地点。日复一日，梁修飞的坚持感染了身边人，同学们也跟着他一起参加志愿服务活动。大学四年，梁修飞带动了越来越多亲朋好友，甚至于远在安徽老家的外婆，在他的影响下，也在当地做起了志愿者。

长年累月的志愿服务，让梁修飞收获满满。他不仅学习到了多种急

救知识，锻炼了社交能力，还认识了许多志同道合的伙伴，增长了人生阅历。梁修飞还因为志愿服务意外地和现在所在的工作单位结缘。不过，他觉得自己最大的收获其实是帮助他人的喜悦与满足。如果再遇到像当年那样有人需要急救的情况，梁修飞相信自己已经有能力挺身而出了。

"白金十分钟"

一次培训课，还是大学生的梁修飞作为讲师，为白云区来穗人员子女夏令营开展急救科普培训。活动结束后，一位小朋友的妈妈突然问他："你们还要不要志愿者？我想学习急救知识，意外发生时，可以救助身边的人，因为我有一位同事，就是在工作岗位上突然倒地，再也没有起来……"

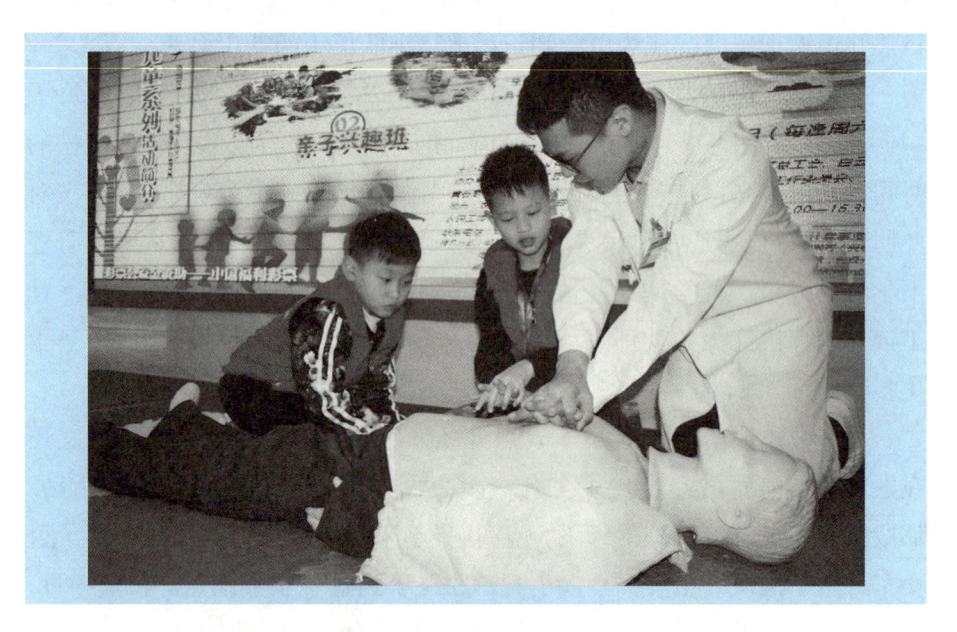

梁修飞为孩子们讲授急救安全知识

这已经不是梁修飞第一次听到这样的话了。几乎每次开展培训活动，他都会听到类似的话语，这些声音无时无刻不在提醒着他，还有更多的人和当初的他一样，迫切地想要参与到急救服务中。梁修飞一直在思考，怎样才能建设一支队伍，在自己服务的同时，带动身边的人一起加入应急救护志愿服务活动中来。彼时还是学生的他，用奖学金购买了一套急救培训装备，先是在学校里为同学科普，周末有空闲的时间就参加外面的活动，为市民讲解应急救护知识。从制作课件到提炼语言，再到邀请同学一起参加活动，他一直在用行动影响着身边人。

走出校园，梁修飞成为医院的一名党务工作者，但他从未忘记组建急救志愿服务队的初心。"以前只能作为一个急救志愿者去协助，跟别人一起参加急救活动。走上工作岗位之后，就想着我自己是否可以组建一支急救志愿服务队，面向更多人群。"抱着这样的想法，梁修飞结合长期参与志愿服务积累的经验，忙碌奔走，终于整合多方资源，由医院志愿服务联合会牵头将急救培训这一项目全面化、体系化、正规化，进行规范的"项目化"运作。为队伍取名时，梁修飞的脑海中回想起此前参与急救志愿服务的种种经历，最后定格在一行词语上。于是，"白金十分钟"急救志愿服务队诞生了。

梁修飞带领"白金急救十分钟"急救志愿服务队开展培训活动

"我想面向的人群主要是学生群体和社区长者，"梁修飞提到自己在

守护的青春——记应急救援青年志愿者

创建队伍之初的考虑,"学生群体和一些社区的独居老人,他们身边可能缺少成人的保护和照顾。通过这样的培训,学生们可以学到在上学、放学的路上怎样去自救和救助他人,老人家在家中也知道怎样保护自己。"组建队伍、购买器材、项目落地、常态化开展……项目刚开始,梁修飞一个人带着三四个医务人员奔波开展活动,一个月就瘦了10多斤;如今,队伍里的讲师、助教等重要成员已有200多人,都经过专业的培训与考核。"我像一个老父亲,看着自己的孩子一点点成才。"梁修飞开玩笑地说道,对于其中的艰辛却只字未提。

"白金十分钟"急救志愿服务队以专业和温情,将急救知识送进社区、高校、村(居)等机构单位,送到普通市民的手中。从2017年正式立项至今,团队已开展各类急救志愿服务活动1500多场,为400项户外志愿活动提供医疗保障,服务10万多人次。与时间赛跑,为生命拼搏,是他们服务时最好的写照。

星星的孩子

在自闭症患儿蓝天的眼中,梁修飞是一位温柔友善的大哥哥,会耐心地为他开展特殊培训,一步步带领他参与到"白金十分钟"队伍的急救志愿服务中。

自闭症患者"有视力却不愿和你对视,有语言却很难和你交流,有听力却总是充耳不闻,有行为却总与你的愿望相违……"他们沉浸在自己孤独的世界里,就像天空中闪烁却遥远的星星,人们把他们称作"星星的孩子"。由于从小患有自闭症,他们很少跟外界接触,平常接触新事物、学习急救知识的机会特别少,本身也缺乏自我保护、自我救护的能力。

一次外出活动,梁修飞认识了一位"星星的孩子"的妈妈。这位妈妈主动和他聊天,问道:"你们能不能开展一场为特殊的孩子们科普急救知识的课程?"听到这样的请求,梁修飞犹豫了。急救是非常讲究专业

与时间赛跑，为生命拼搏——应急救护青年志愿者梁修飞的故事

性、严谨性的，如果学习掌握得不好，反而会给专业的医疗急救带来麻烦。他没有立即答应这位妈妈，而是和她进一步地沟通。他了解得知，有这样一群"星星的孩子"希望得到急救服务团队的帮助，学习急救相关知识，在提高自身成长和安全意识的同时，也能在有需要的时候帮助他人。

　　思考了很久，梁修飞答应为"星星的孩子"开设急救知识科普课程。然而，这个决定绝不仅仅是多上几次课。自闭症患者不擅长与人交流，行为重复刻板，兴趣爱好也非常局限，该用什么方式把急救知识传授给他们呢？梁修飞考虑到上课人群的特殊性，不断探索如何修改课件、如何进行实操讲授和练习等。为了让"星星的孩子"觉得上课不无聊，他把所有课件里的知识制作成动画，用动漫视频、真人化装演示等方式为他们讲述急救知识的内容和实操。梁修飞还探索出了"理论＋情景模式＋互动体验"的模式，为"星星的孩子"系统传授急救知识。实操训练时，考虑到这类孩子听觉敏感和不易把控情绪，梁修飞选择社区团建、学生群体拓展学习等活动，让"星星的孩子"可以稳定地投入其中。"我们会观察他适合参加什么活动，不适合参加什么活动。自闭症患者的内

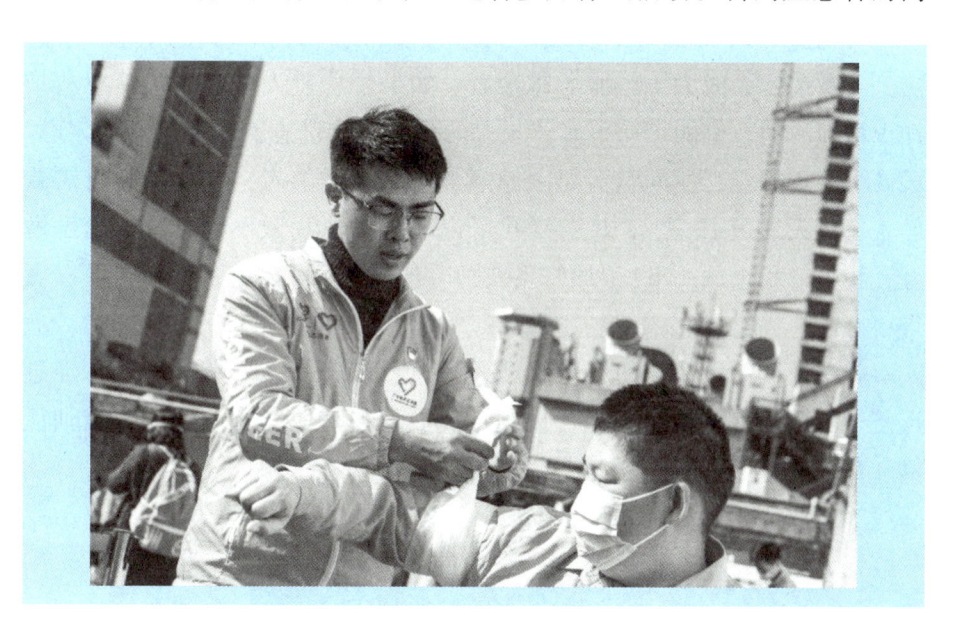

梁修飞示范伤口包扎

101

心也是有自己想法的，我们要尊重每一个人的想法。"梁修飞这样考虑。

授课的过程中，一位已经参加工作的自闭症患者蓝天吸引了梁修飞的注意。"最开始，蓝天有些抗拒，他比较内向，很不喜欢跟陌生人交流。"梁修飞回忆着当时的情景，"我一直带着他，不管参加什么活动，只要他愿意来，我都会让他在我身边帮忙。比如说有人要喝水，我就会问蓝天：你能不能去拿瓶水给他呀？每一件小事情我都会跟他讲。"渐渐地，蓝天感受到了人们的善意与肯定，很愿意去做这些他人眼中的小事情。

一次培训，梁修飞找到蓝天问他的感受，蓝天眼神游离，小声地说："我第一次参加这样的学习活动，很紧张，不知道记住的知识对不对。"看到蓝天不自信的样子，梁修飞主动"开小灶"，一点一点帮他梳理复习培训内容。梁修飞还鼓励蓝天主动学习急救知识，"我们俩一起许个诺好不好？我们有很好看的视频，你回家好好学习，下次你来演示怎样包扎伤口。"蓝天回到家果然开始学习，下次两人见面时他兴奋地说："我学会了！"随即像"交作业"一样演示给梁修飞看。一来二去，蓝天越来越自信，掌握的急救知识也越来越多。

看到蓝天认真学习的样子，梁修飞非常感动，脑海里闪过一个想法——邀请蓝天成为急救服务志愿者。如果带着蓝天一起参加应急救护知识培训活动，也能带动更多"星星的孩子"走进志愿服务这个大家庭。梁修飞这样想着，便问蓝天是否愿意成为一名志愿者，一起帮助有需要的人。蓝天迟疑了一下，说："我可以吗？我怕我做不好，我以前没做好，我……我想试一下！"梁修飞鼓励着他："你可以的，你一定可以做得很好。"

就这样，一位特殊的小伙伴加入了急救科普的志愿服务队伍。经过反复学习和训练，蓝天已经可以担任助教，和其他老师一起参与培训活动和户外应急保障活动。

与时间赛跑，为生命拼搏——应急救护青年志愿者梁修飞的故事

党建带团建，培养青年志愿者

"白金十分钟"急救志愿服务队的另一个名字是党员志愿队，代表它是一个由党员牵头、团员积极参与的志愿服务组织。

作为医院党务工作者，兼任"白金十分钟"志愿服务队队长的梁修飞，结合本职工作，采用党建带团建的工作模式，助力应急科普志愿服务项目的发展。他衔接资源，对接省、市、区、镇街等各级志愿者服务组织，常态化为群众开展健康科普活动，同时以党建引领的方式推荐医院的党员、团员青年志愿者下基层开展志愿服务活动，并常常将此与主题党日活动结合起来，希望以此服务青年、引领青年。

"我们对党员志愿者的要求更严格，党员志愿者需要走进基层、服务基层，要做得比普通的志愿者更多一些。在评荣誉的时候，我们会优先评选基层志愿者，党员志愿者是靠后排的。"梁修飞深知，党员同志要有更高的自我要求，起到先锋模范带头作用，"把党建工作做出品牌和特色，能带动医院的党员、团员青年积极参加志愿服务活动。这也有助于青年岗位锻炼和人才培养。年底考评时，做过志愿服务的都会有相应加分"。梁修飞希望，青年党员、团员在参与志愿活动后能够增进对基层工作的了解与认识，在实践中增长才干，锤炼青年人应有的担当。党团员的积极奉献展示了靓丽的青春风采，也为应急服务项目的持续开展注入了蓬勃的青年力量。

从2017年项目开展至今，梁修飞利用休息时间带领志愿者到花都区为来穗人员开展急救知识培训，走进元岗社区向居民普及急救技能，前往粤北为留守儿童及学校老师讲授各项急救知识。梁修飞及团队还时常受宝矿力水特、IT企业等邀请，为其员工开展急救培训讲座。除此之外，广州马拉松、横渡珠江、重阳登高……许多大型活动都能看到他和志愿者们忙碌的身影。让梁修飞印象深刻的是，每年重阳登高，许多来登高的市民都会围着他们在山上设置的急救培训摊位学习急救知识，不少老

守护的青春——记应急救援青年志愿者

梁修飞讲授心肺复苏急救要点

年人更是连连夸赞:"你们这个东西很有用!如果我或老伴在哪里突然倒地了,就不用手忙脚乱了。"每次听到这些话语,梁修飞和其他的志愿者们都能感受到市民对急救的重视,心中的责任感和成就感满满。

人人学急救,急救为人人。掌握应急救护知识,在医务人员到来之前,为受伤人员提供初级的救护,可以降低和减少受伤人员在意外伤害发生时的伤残和死亡率。常态化开展应急救护志愿服务,向市民普及应急救护知识,可以提高市民的应急避险、自救互救能力,促进家庭幸福与社会和谐。

心肺复苏等急救项目对体力有较高要求,因此,青年人群是开展急救志愿服务的主力。

梁修飞的目光锁定在了学生群体。作为广州青年志愿者协会副秘书长、白云区青年志愿者协会执行会长,梁修飞与高校对接,联合开展针对性培训,先后与广东外语外贸大学南国商学院、广州番禺职业技术学院旅游商务学院、广州民航职业技术学院、广东旅游职业技术学校等11所学校开展急救知识科普共建合作。这些学校的许多学生会走上乘务员、

与时间赛跑，为生命拼搏——应急救护青年志愿者梁修飞的故事

梁修飞与青年志愿服务组织合作

导游、社工等密切接触人群的岗位。掌握急救知识，能帮助他们在以后为更多人提供安全可靠的服务，使急救知识真正惠及大众。

在为学生开展急救科普培训的过程中，梁修飞看到了学生群体的可塑性。梁修飞灵机一动：为何不成立一支大学生青年志愿者急救科普分队？刚开始，由于学生群体上课时间忙，休息时间少，梁修飞都是利用晚上的时间对报名加入队伍的学生进行线上急救知识培训，再利用周末的时间集中实操训练。这样坚持培训了三个多月，第一批50人次的大学生急救科普培训志愿服务队正式组建成立。梁修飞和他们一起参加了多项应急保障的户外活动，为他们对接实习和就业机会，对这批青年学生的成长起到了很好的引领作用。

经过多年探索总结，梁修飞的团队还准备结合高校和志愿服务组织需求，为高校开通定向培训计划。每学期为高校学生干部、志愿组织成员举行专项培训，让高校学生最大可能地提高急救技能，甚至实现每个班级全覆盖，为全民健康做出更多贡献。面对青年群体，梁修飞常常送上一句座右铭："未来属于青年，只要敢做，你一定行！"

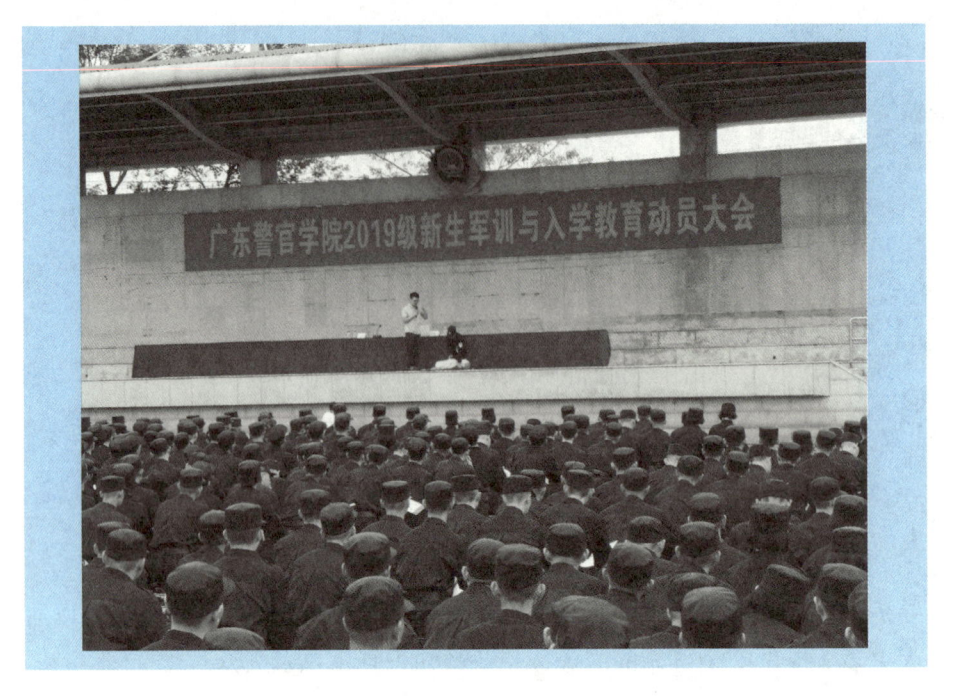

守护的青春——记应急救援青年志愿者

梁修飞为广东警官学院的学生开展急救培训

"互联网+"助培训，爱心义诊送下乡

信息时代，梁修飞善于运用网络平台助力工作创新，达到多渠道推广、个性化普及的效果。

志愿服务的开展从来不会一帆风顺，而网络为许多难题的解决提供了新契机。"白金十分钟"急救安全知识科普培训活动主要是通过 i 志愿、志愿组织公众号、微信群等网络渠道发布，感兴趣的人们看到招募便会赶来参与。参加培训的人员不仅有广州本地的，甚至有不少是从清远、东莞等城市远道而来。许多人在亲身参加过培训后，切实感受到急救知识的益处，又主动邀请梁修飞到其所在的企事业单位开展活动，把急救知识带向更远的地方。然而，急救技能的掌握依赖于反复操练，但许多志愿者经过一两次培训后，就难以再抽出时间参加复训，曾学到的技能可能转眼间就被遗忘。

为了解决这一问题，梁修飞组织志愿者录制急救培训视频，制作心肺复苏动画，让志愿者能够克服时间、空间的阻隔，更加便捷地温习急救知识技能。虽然线上视频不能完全弥补缺少实操的遗憾，但动画的趣味性与视频的可回放性亦具有独特优势，形成了对线下培训的良好补充，有力地提升了急救培训的效果。

新冠疫情期间人员不得聚集，这又给急救培训带来了新挑战。然而"白金十分钟"服务队化挑战为机遇，创新利用直播平台，邀请呼吸内科、急诊科等学科专家化身"主播"，开展疫情防控健康大讲堂，为市民普及新冠病毒预防知识和家庭常用急救知识。梁修飞也结合自己多年的志愿服务经验，为大家讲起了疫情期间安全有序参与志愿服务的方法。

与此同时，梁修飞借助广州市红十字会与广东省应急协会的平台，结合培训需求，逐渐探索出了"互联网+应急救护培训"新模式，即通过线上网课学习、线下实操培训的模式，开展急救知识培训，适应扩大应急救护社会普及面的迫切需要。梁修飞利用休息时间，配合广州市团校录制志愿服务岗位能力（基础级）培训课程"志愿者应急救护""防疫志愿者自我防护"等课程，通过情景模拟、场地体验等方式讲授科普应急志愿服务知识，让参与学习的人员可以多角度感知意外灾害发生，正确开展自救互救。

梁修飞录制线上培训课程

守护的青春——记应急救援青年志愿者

强化专业学习、全面推广科普，梁修飞一直走在前沿。首先，梁修飞非常认同展馆的重要性。"广州市志愿者综合楼有一个应急体验服务展馆，如果有机会，我们接下来会结合这一类体验展馆去开展服务。同时，如果有资源、有能力的话，我们也打算建造自己的应急体验科普馆，不管能建多大，都可以用更生动有趣的方式让大家参与到活动中。"其次，梁修飞期待能通过线上直播的形式推广急救科普活动，让市民们广泛地储备应急知识，至少意外来临时不至于手忙脚乱。另外，梁修飞运用"$1+2+24+n$"的理念对工作进行指导，即1个组织、2个指导部门、24个核心成员或队伍加上n个市民。"无论前面是什么组织形式，我们都希望最后能把所有市民囊括进来，面向他们去普及应急救援知识。"梁修飞的眼中充满了信念感，让挽救生命的知识变成常识，是他这么多年来不曾动摇的愿望。

在打造志愿服务项目上，梁修飞为了更精准地做义诊服务，发起"精准医疗扶贫"送医、送药、送健康三送义诊活动；为了让求医的老百姓更快地得到医治，他联合多所大学组织开展大学生便民"微笑导诊"志愿活动；为了给户外活动提供医疗保障服务，他组建了一支600多人的急救志愿服务队……

梁修飞进社区义诊

2015—2019年，梁修飞联合眼科开展精准医疗扶贫"重见光明行"白内障免费筛查治疗项目。当时白内障治疗费用较高，团队通过网上公众号、专题讲座等形式宣传普及眼部健康知识，开展千场农村义诊，为1000多名白内障患者免费进行白内障治疗手术，减免医药费1000多万元。后来，国家政策对白内障手术进行了政策调整，减免了很多医疗费用，项目才接近尾声。梁修飞还策划发起"走进田间地头，零距离为人民健康服务"义诊项目，累计开展义诊500多场，为4万多名市民免费诊疗。

"在这些项目里，我们确确实实地利用现有资源帮助到了很多人。"梁修飞感慨道。目前，团队下面注册的志愿者已有2900多人，对于人数如此庞大的志愿队伍，梁修飞自有一套科学的管理办法。首先，队伍统一采用 i 志愿作为志愿服务活动与志愿服务时长的登记系统，有结构完善的管理团队，设置会长、副会长、秘书长、各部门骨干等职务。其次，队伍有系统的管理方案，例如定期开会讨论、团队建设；通过自主提意见的方式来制定和完善规章制度；每项活动都设置一名专项负责人，从头到尾跟进。"我们队伍里，每个人都有发言权，发现有什么做得不好都可以指出来。通过考核成为骨干成员之后，可以把自己的想法写成方案给我们，方案通过后，该志愿者就负责开展他提出的志愿服务活动，其他志愿者协助实现他的公益想法。"梁修飞提到。再次，队伍广纳人才，但对志愿者有一项基础要求，就是每年参加三次以上的团队活动，以此来保证成员的活跃度。另外，队伍有浓郁的文化氛围，不仅每年年终都有内部的评奖评优，颁发相应的荣誉证书，而且每半年开展一次志愿者拓展活动，有共同的手语舞以及文创产品，成员非常有凝聚力和团队归属感。

志愿服务十五年

2003年"非典"肆虐时，梁修飞还是一个需要成年人保护的孩子。"那时候我还在上小学，老师指导我们进行消杀、戴口罩。印象最深的就是每天一到上学的时间，老师就会问大家有没有认真洗手，在家里有没有乱吃东西。当时都传言说板蓝根可以预防"非典"，老师自己掏钱给我们买板蓝根，在班里泡好给每一个同学喝。"回想起小学老师的照顾，梁修飞感慨万千。年幼的他只觉得老师很关心自己，那温柔关怀的身影深深地刻印在他的心里。

上初中之后，梁修飞发现有一位老奶奶经常在学校捡废纸和空瓶子。"那位老奶奶其实是我们学校的退休老师，把卖废品赚来的钱给我们学校的孩子买文具，但她自己生活一直很节俭。"梁修飞发现了老奶奶的善意之举，于是经常在班里把同学们不要的草稿纸收集起来，默默地送到老奶奶家门口。后来，梁修飞的课桌上会不定时地出现本子和笔，甚至还有早餐，问了同学才知道是老奶奶偷偷送来的。那一刻，暖意在他心底流淌，自己做这些没想着要获得什么，但退休奶奶的回馈，让他感受到了"赠人玫瑰，手留余香"的快乐。

2008年5月12日，四川汶川发生8.0级特大地震灾害，损失巨大。一时间，全国各地都开始为汶川援助与祈祷。梁修飞所在的初中也在校门口拉起了横幅，向社会发起募捐。梁修飞主动向老师报名，协助募捐工作。"我当时想着自己是寄宿生，放学了也不用急着回家，汶川那边需要我们的支援，我就去报名了。"每天中午，同学们在宿舍午睡，梁修飞顶着炎炎烈日在校门口整理物资；下午放学后，同学们去食堂吃饭、回宿舍洗漱，梁修飞则飞奔至校门口继续协助募捐。社会上的爱心人士很多，有人捐衣物，有人捐物资，也有人直接捐钱，梁修飞与老师一起分类整理，由学校对接统一送去汶川当地的政府部门。这算是梁修飞第一次参与大型志愿服务活动。看着那么多人为着同一个目标而聚在一起，无论多少都献出自己的一份爱心，梁修飞的心被深深触动。

升入高中后，梁修飞加入了学校的学生会。他了解到每年3月份的学雷锋月，学校都会组织一些志愿活动。梁修飞想到，离学校十多公里有一个福利院，里面收留了很多孤寡老人和被遗弃的小孩，还有一些残障人士。他们虽然由国家赡养，但少有亲人探望，长期缺乏家人的关爱。执行力极强的梁修飞立即做好了活动策划，向学校领导提出了申请。"第一笔的启动资金100块钱，就是我们学校的老师赞助的。"梁修飞回想起组织探望福利院的场景，"那里的小朋友有一些是兔唇，或是因天生肢体残疾而被遗弃，我们学生能做的只有陪他们玩游戏，像大哥哥大姐姐一样去照顾他们，帮助他们完成一些小心愿。高中生活费很少，我们就收集饮料瓶子和废草稿纸，换钱给孩子们买零食和小玩具。"

成年之后，梁修飞更是成了同学和同事眼中的"公益狂人"。防艾禁

正在做预检分诊志愿者的梁修飞

毒宣传、文明交通行、"小候鸟"义教帮扶、"三下乡",到粤西偏远山区给当地农民普及互联网金融知识,帮扶外来流浪人员……梁修飞组织与参加过的志愿服务活动数不胜数。2020年初,新冠病毒感染疫情暴发,梁修飞原已订好回安徽老家的机票,却果断退掉,转身投入到抗"疫"志愿服务之中,还写下了驰援武汉的请战书:"我是青年我先来!"当时防控物资不足,诊治方法尚在摸索,面对未知和挑战,作为医院预检分诊志愿者的梁修飞不分昼夜地忙碌,却没有一丝胆怯和抱怨。

直至今天,作为"95后"的梁修飞,参与志愿服务的年头已有15年,可以称得上是资深志愿者。也许有人会问:做这么多年志愿服务,总会想歇一歇吧?但他一往无前的步伐却越来越坚定。

总　　结

在志愿服务道路上"身经百战",也让梁修飞"荣誉加身"。他不仅志愿服务时长、服务人数在不断增长,获得的诸如"全国敬老爱老助老

模范人物""广东省优秀战疫志愿服务优秀个人""广东向上向善好青年""广东省最美志愿者""第七届'广东志愿服务金银铜奖'个人金奖""广东省五星志愿者""广东省优秀志愿者""广州好人"等荣誉称号也越来越多。2021年,梁修飞还获得了2020年度全国学雷锋志愿服务先进典型"最美志愿者"称号。面对荣誉,他却轻轻一笑:"在我做志愿的过程中,有组织在培养我,有这么多亲戚、朋友、同事和志愿者支持我,这些荣誉其实属于团队,属于大家。获得这些荣誉不仅是对我的认可,也是在激励和鞭策我,让我努力做得更好。"

向死而生,是生命沙漏的倒计时;向生而生,是生命的另一种可能。与时间赛跑,为生命拼搏,是对梁修飞及其急救科普志愿团队工作的最好的写照。

做防疫志愿服务路上的温暖"大白"
——青年防疫志愿者白占宝[①]的故事

"小白，明天园区内要开展全员大规模核酸检测，急需志愿者，你们防疫志愿队有志愿者可以过来支援吗？""有的，您稍等，我统计下具体人员名单。"放下手机，这位青年志愿者立刻打开微信，熟练地编辑消息，在一个名为"爱心筑梦团青年志愿者"的微信群发出消息："紧急招募：明天园区招募核酸检测志愿者，地点与上次相同，具体时间等后续通知，欢迎大家踊跃报名！"发出后不久，"丁零丁零"的微信消息提示音不断响起："大白，你又喊我们跟你一起做'大白'呀。""收到，老白，我报名。"一条条报名的信息刷屏，不到两小时，就招募满员了。

这位青年志愿者就是白占宝，他是中国建筑第八工程局有限公司（以下简称"中建八局"）华南公司的专职团支部书记，同时也是广州青年防疫应急志愿者储备队中建八

2022年5月，白占宝分享开展防疫志愿服务的经验

[①] 白占宝，中国建筑第八工程局有限公司华南公司"爱心筑梦团"副队长，志愿服务时长500余小时，积极带领青年围绕工程建设、疫情防控、抢险救援、爱心助学、助老助残、环境保护等领域开展志愿服务，带动公司"爱心筑梦团"在"i志愿"平台注册人数超2000人。

守护的青春——记应急救援青年志愿者

局华南公司的分队长和中建八局华南公司爱心筑梦团的副队长,更是防疫路上的温暖"大白"。"小白""大白""老白",是大家平时对白占宝的称谓。在长辈眼中,他是青年志愿者"小白联络员";在领导眼中,他是青年防疫应急志愿者储备队中建八局华南公司分队的"大白队长";在志愿者眼中,他是带领大家一起以青春之名,赴志愿之约的"老白"。而在白占宝眼中,自己不仅是名字有个"白"字,连性格也特别像《超能陆战队》中的守护者"大白",甘愿做一名守护人民健康的"大白"防疫志愿者。

奋斗是青春最亮丽的底色!这句话成了白占宝的座右铭。在这名"90后"的眼里,青春就是用来奋斗的,有责任有担当,青春才会闪光!

战疫防控,他先行

回忆起年少时光,白占宝常常感叹自己一直是被别人帮助的那类人。他记得,在读小学的时候,常常会有爱心人士来到他所就读的偏远学校捐赠物资。"收到崭新的书包和书时,心里非常高兴,也很感谢好心人士的捐赠。"从那时起,他的心里就埋下了一颗志愿服务的种子,也想长大后去帮助更多的人。

2018年,他成为中建八局华南公司的一名员工;2019年公司成立爱心筑梦团,他积极报名加入,并多次参与爱心献血、青年植树、慰问敬老院长者、关爱自闭症儿童等志愿活动。后来他被推选成为公司的专职团支部书记,积极组织动员公司的青年职工参与到志愿服务的行列中来。

2020年春,一场突如其来的新冠病毒感染疫情打乱了生活的节奏,疫情的阴霾从湖北武汉向四周蔓延,危险悄然无声,举国上下绷紧了神经。防疫战疫开始紧锣密鼓地进行,支援前线的白衣战士从四面八方开始向湖北武汉逆行。与此同时,成百上千的中国建筑志愿铁军们闻召而动,星夜集结,追逐漫天星光,赶赴雷神山、火神山,开启"双线作战"。

每当听到武汉抗疫的感人故事,白占宝的心就一次次被触动,也被

做防疫志愿服务路上的温暖"大白"——青年防疫志愿者白占宝的故事

那些内心充满激情与热血,在病毒与恐惧面前将生死置之度外、敢于担当的铁军志愿者们所感动。当时,在项目留守的白占宝受到全国"白衣战士"的影响,眼看疫情越来越严重,项目工地周边暴发新冠确诊案例,他主动穿上防护服,担任起项目工地的防疫志愿专员,每天负责给返岗隔离观察的同事做好测体温、发口罩、送饭等物资保障工作的同时,还尽可能做好隔离人员的情绪安抚工作,空闲时间便一直坚守在隔离区值班。当隔离在家的发小称赞他勇于奉献时,白占宝却只回复说:"其实没有太多高尚的理由,仅仅是因为疫情防控需要人手,而我又恰好在而已,这是我应该做的,换作是你,也是一样的。"

在担任防疫专员的那段日子里,他看到身边的党员同志,不畏疫情,都在争先恐后地表态"我是党员,我先上",都在"抢活干",积极向党组织靠拢的念头再度被激起。在繁重的防疫工作之余,白占宝在项目的党建联盟工作室里,郑重地写下了入党申请书,立下了要早日加入中国共产党,成为一名优秀的共产党员,做好工作与志愿服务的人生目标。

2020年2月,白占宝在防疫工作之余写下入党申请书

守护的青春——记应急救援青年志愿者

"90后"的白占宝，对于做志愿服务有一种热爱，也有一种渴望，就是希望能够带动更多的青年一起参与到志愿服务中。2022年，为贯彻落实中建集团"建证未来"青年志愿服务行动实施方案，中建八局华南公司拟挑选爱心筑梦团骨干成员组建"建证未来"志愿者分队，这促使他的这种渴望变成了现实。

2022年3月下旬，广州出现一例省外返穗人员阳性确诊病例，面对团广州市委发出的"志愿者，广州需要你"的号召和广州市志愿者行动指导中心的防疫志愿服务动员，中建八局华南公司作为驻穗央企分公司快速响应，组织"建证未来"志愿者分队成员和其他在穗项目青年，成立广州青年防疫应急志愿者储备队中建八局华南公司分队。在组织的信任和任命下，白占宝成为这支新的志愿服务队的队长。"防疫志愿服务，广州有我在"，成为白占宝和他的队友们的服务信念！

2022年3月18日，白占宝（前排右一）与防疫应急志愿者储备队中建八局华南公司分队成员参加天河区核酸检测志愿服务

对于白占宝来说，年少的期望、对志愿的向往及追求如今变成现实，在欣喜和自豪的同时，他也因肩上扛着这份沉甸甸的责任而感到紧张。"开展防疫志愿服务，对外承接着党和国家赋予我们的光荣使命，对内负

做防疫志愿服务路上的温暖"大白"——青年防疫志愿者白占宝的故事

有对企业和同事的责任，如何高效、安全地组织公司青年参与防疫志愿服务，这是作为队长，必须要做好的责任和义务。"

2022年3月6日，白占宝在越秀区某派出所内协助开展信息流调工作

队伍管理，有一套

作为防疫应急志愿者储备队的队长，白占宝深感担任队长的职责之难与重。怎样做好防疫志愿服务队伍管理，这是他一直不断思考的问题。相比其他类型的志愿服务，防疫志愿服务的安全性和时效性要求更高，既要确保每位志愿者的安全，提前准备应急方案并快速处理突发事件，又要在面对突发疫情时，能够快速集结、高效安排一定数量的防疫志愿者上岗服务。

每次组队开展服务前，一连串的问题就在白占宝的脑子里冒了出来，

117

守护的青春——记应急救援青年志愿者

他会面面俱到地写下培训内容和注意事项，包括如何正确穿好防护服，提醒大家饮水、厕所的位置，防中暑的措施，做好核酸再离开等细节，做好详细的防疫志愿服务排班表，不停地思考如何根据人数进行岗位分配，"是分四组直接负责四个核酸检测点呢，还是分成两组来回进行替换？换班的时间段确定在什么时候？安排哪些志愿者为扫码工作或是维持秩序的工作……"

回想起第一次带队的经历，白占宝坦言："之前别人带着我参加志愿活动时，我感觉不就是一二十个人吗，这有什么组织不好的，后面自己第一次带队参加活动时，才发现真的知易行难。"第一次带队开展防疫志愿服务的白占宝，绝大部分的时间是忙前忙后地做好志愿者的后勤服务和调度工作，时不时观察志愿者的动态，统筹好休息交班的时间。在他看来，用心关怀，做好后勤服务，把每一位志愿者放在心上是必要的。

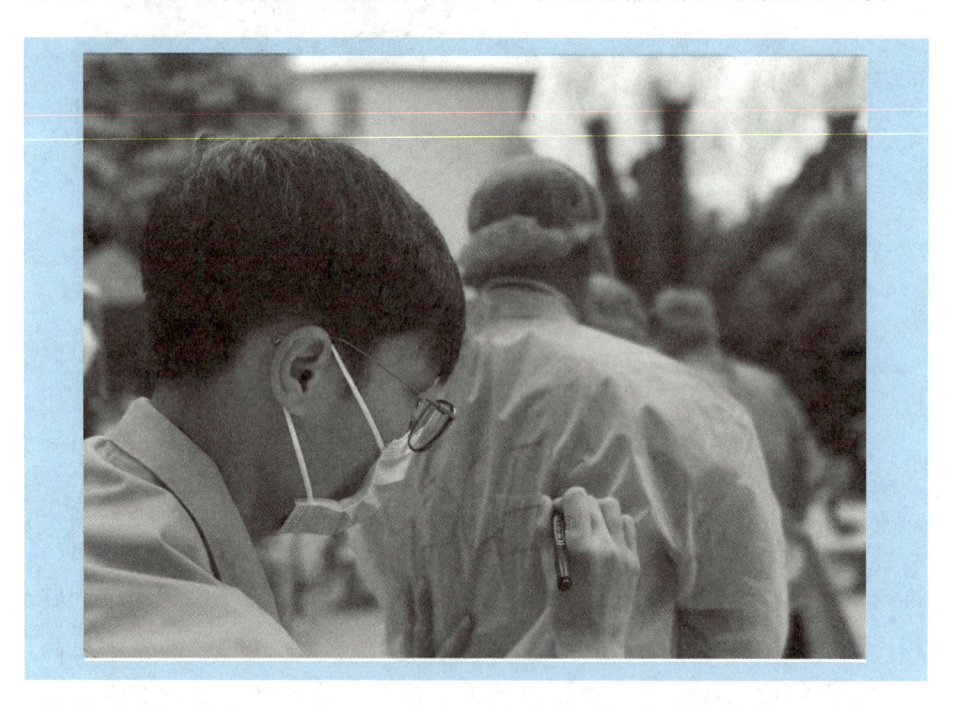

2022年3月16日，白占宝（左一）为即将上岗的青年志愿者写名字

结束了一天的服务，躺在床上的白占宝，虽然感觉很疲惫，但脑海里不断复盘着今天带队的点点滴滴。复盘结束后，他还起身用电脑记录

做防疫志愿服务路上的温暖"大白"——青年防疫志愿者白占宝的故事

每次带队的经验。每一次的带队经验对他来说尤为重要,他都会记录着自己哪些地方做得好、哪些地方还需要改进,以及往后应该如何做好。此外,他也会经常跟其他有经验的志愿者领队进行交流,虚心学习防疫志愿服务管理的经验。

随着带队次数的增加,在组织每场防疫志愿服务越来越熟练的同时,白占宝也面临着新的挑战。翻看自己在群里发布的招募信息,白占宝发现报名参加应急储备队的志愿者数量很多,但每次活动发布后响应的人数却总比想象的少。

"白队长,不好意思,我们明天都有事情,不能参加核酸检测志愿服务了。""老白,你通知得太晚了,我昨晚没看到消息。""小白呀,好多项目人员现在都处于重点防控阶段,不允许随便外出,你们去做志愿者,接触那么多人,会不会给项目带来风险。"……诸如此类的问题,常常让他一时间不知道怎么回复。志愿服务本就强调志愿性质,他也不能强迫大家参加。那怎么办呢?他的做法是"逐一摸排,换位思考;以诚相待,动之以情"。

何为"逐一摸排,换位思考"?白占宝总结为一个字——聊。他主动与各位青年志愿者深入沟通,发现大家其实很乐意参与志愿服务活动,但受限于距离太远、工作太忙、项目外出严格防疫管控政策等原因无法每次都参与到活动中来。

白占宝说:"现在很多防疫志愿者的工作场所跟随着项目分散在广州市各个地方,对于志愿者来说,如何确保在满足严格的防疫政策和繁忙的生产工作的同时,还能参加防疫志愿服务是目前最需要解决的问题。"对于这群从事建筑行业的防疫青年志愿者而言,当有疫情来临时,大家都在忙着组织工人进行核酸检测和做好各项应急准备措施,同时为避免出现交叉感染,此时项目往往进入封闭管理状态,难以外出;等疫情得到良好控制时大家又开始忙着搞生产,经常在施工现场忙得不可开交,这么一来能参与志愿服务的机会少之又少。白占宝完全懂得大家想参与但又没有机会参与的这种遗憾心情。

世上无难事,只怕有心人。在向青年志愿者们了解完情况后,白占宝便开始对"症"下药,逐渐摸索出有效的四层分类管理服务模式。第

119

一层为"就近原则",将应急储备队志愿者的项目区域进行划分,就近挑选合适的志愿者;第二层为"时间优先",每周一对志愿者包括公司专职团干的"非繁忙时间"进行摸排并"提前预约";第三层为"热情高涨",对于一些做志愿热情高涨的青年以及专职团干,在公司领导的支持下组织参与一些距离比较远、服务强度比较大的志愿服务;最后第四层为"自动补位",层层筛选下来仍存在志愿者人数不够的情况时,由白占宝这类公司专职团干自动补位参与活动。当应急任务到来之时,白占宝只需按照四层选人的模式分类分批、层层筛选,大都能保证每次志愿服务大家可以参与进来,防疫志愿者不足的问题得到了一定程度的解决。

2022 年 4 月 9 日,白占宝(左一)为居民进行核酸检测扫码登记

何为"以诚相待,动之以情"?白占宝认为队长的身份并不意味着自己高人一等,相反,和青年志愿者们处成友好的关系更有利于志愿服务的开展。为此,他主动在防疫志愿活动中及生活、工作的交流之余摸清每一名志愿者的个性特点和特长,对队友有个大致的了解。在之后的防疫志愿服务安排中,白占宝会有意将比较腼腆、不喜欢跟人交流的队员

做防疫志愿服务路上的温暖"大白"——青年防疫志愿者白占宝的故事

安排到扫码的岗位，将比较活泼、喜欢热闹的队员安排去维持现场秩序。这样的人性化安排既能发挥每位志愿者的特长，又能让大家在志愿服务中感到舒心和顺心，有利于青年对志愿服务抱持更大的热情。

此外，作为队长的白占宝，还组织志愿者参与多类型的防疫志愿服务。"随着参与服务次数的增加，像疫情防控这类志愿活动，大家的热情和参与度也在慢慢下降。"防疫志愿服务内容多，涵盖面广，既有常见的核酸检测，也有电话流调、上门摸排和物资配送。结合实际需要，他对防疫志愿者的服务内容进行调整优化，例如将经常从事核酸检测扫码岗位的志愿者，根据其意向，优化调整为从事电话咨询、信息流调、物资配送等岗位志愿服务，让志愿者们体验到不同的志愿服务岗位内容，学习不同的志愿经验。

"逐一摸排，换位思考；以诚相待，动之以情"是白占宝当好队长、取得队员认可的制胜法宝。在一次次的防疫志愿服务活动中，白占宝经历过连轴转的疲惫不堪，也面临过志愿队员临时有事的紧急补位，还遇到过拒不配合的冷漠之人。但同时，他也感受到了一次次任务顺利完成后带来的满足感，一声声"谢谢"带来的温暖，一封封社区感谢信带来的自豪以及一句句"老白，我今天来做志愿"背后的支持与配合。在这其中，他真正体会到了志愿者们呈现的"奉献、友爱、互助、进步"的志愿精神以及社会各界对志愿者的关怀与感谢。

微小心愿，他守护

在参加防疫志愿服务的过程中，白占宝深刻体会到防疫一线工作人员的辛苦付出，更是敏锐地关注到了他们的子女也需要关爱和帮助，于是，"您为大家 我帮您家"的想法在他脑中浮现。机缘巧合之下，他了解到团黄埔区委、黄埔区青年志愿者协会正在开展"您的心愿，我的志愿"2022年黄埔区关爱防疫一线工作人员及困难家庭活动，号召社会各界爱心人士共同点亮"微心愿"，让防疫一线工作人员及困难家庭充满温

守护的青春——记应急救援青年志愿者

暖和力量。于是，在公司团委的支持下，他积极响应，踊跃联系，将30个"微心愿"全部认领完毕，带领公司"爱心筑梦团"成员为防疫一线工作人员子女及困境儿童送上他们切实所需的生活、学习、体育等用品。

2022年4月21日，白占宝（左二）带领爱心筑梦团成员赠送"微心愿"物品

在"爱心书桌"微心愿活动中，白占宝与青年志愿者老麻在许愿者家里一同组装书桌，"乒乒乓乓"的敲击声似一首青春乐章般回荡在客厅里，一颗颗螺丝钉、一个个书桌零部件在志愿者们的共同努力下一一"归位"。老麻问："我们为什么要取名为爱心筑梦团呢？""因为爱心真的能筑梦呀，你现在不就通过你的爱心在筑造着他的书桌梦吗！"白占宝回答说。

临走时，白占宝抬头看见一直躲在门后偷偷观察的小朋友忍不住上前摸着崭新的书桌，眼里满是渴望和欣喜。白占宝的思绪一下子被拉回到了上小学时，爱心人士捐赠书包，他不想上台领取拍照，让姐姐代领的事情历历在目。或许在每个少年的心中都有着无法言说的小小自尊，白占宝在用爱心为他们"筑"梦的同时，也细心地呵护少年的自尊，呵护他们那份对美好事物的期盼之情。

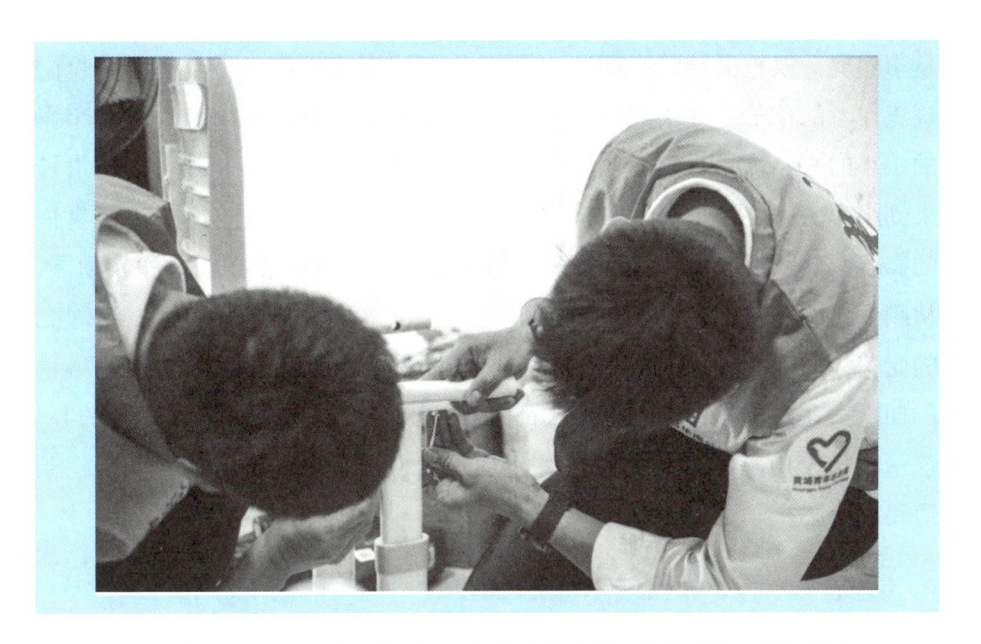

做防疫志愿服务路上的温暖"大白"——青年防疫志愿者白占宝的故事

2022年4月21日，白占宝（左一）和青年志愿者拼装"微心愿"书桌

2022年4月21日，白占宝（右一）和志愿者老麻帮助小朋友适应轮滑鞋

守护的青春——记应急救援青年志愿者

"你尽管向前，我们来守护你。"对白占宝来说，印象最深刻的一次，是帮想要一双轮滑鞋的小朋友小军（化名）完成心愿。小军也是一位防疫工作者的孩子，性格内向的他十分喜爱轮滑，拥有一双轮滑鞋是小军的小小的心愿。爱心筑梦团了解情况后，便组织志愿者带着爱心轮滑鞋来到小军家中。当小军看到自己喜爱的轮滑鞋时，害羞的他露出了喜悦的笑容，并跃跃欲试。穿上轮滑鞋的小军在志愿者的悉心教导和鼓励下，从刚开始的害怕到最后勇敢地向前迈进，每走一步，轮滑鞋都发出闪亮的光芒，似乎承载着的不只是一个孩子的爱好，更有着孩子对美好事物的期盼。在白占宝看来，每个人都有着一颗对美好生活向往和期盼的心。这份根植于内心深处的美好向往也加深着白占宝对坚持走志愿服务这条道路的决心。

温度与热度，是追求

自从担任了队长之后，时不时就有志愿者咨询他关于志愿服务的事。"老白，方便语音吗？我想问你点志愿服务的事儿。""好啊，你打我语音电话吧。"

在与青年志愿者的交流中，他渐渐发现这真是一批心里充满阳光、工作十分积极的"宝藏"青年。作为队长，同时又担任公司专职团支部书记的他，也肩负着如何更好地团结、引领、服务好企业青年的责任。平时要与青年志愿者保持良好的交流并做好关系的维护，这样在关键时刻更能发挥他们的作用。有一次经历让白占宝意识到维系青年志愿者关系的重要性。

"今天早上街道需要开展大规模核酸检测，紧急需要8名志愿者，能不能2个小时内派过来，我们很需要。"收到街道的电话，白占宝马上在微信群里发布招募通知，并点对点地联系平时活跃且保持频繁交流的青年志愿者，最后超额招募到了10名志愿者。之后，在平时的志愿活动中，白占宝有意识地挖掘一些优秀青年志愿者，作为队伍骨干进行培养。

比如2021年刚加入公司的小欧，一开始就主动申请参加防疫志愿活动，并表现出了良好的交流能力。白占宝发现他热情高涨且乐于交流后，在志愿服务过程中就带他熟悉各个岗位，与他交流组织志愿活动心得，告诉他一些注意事项，鼓励他动员更多身边同事参加志愿活动。一来二去，小欧不仅成为防疫志愿服务中的"排头兵"，更是主动化身"联络员"，带领更多有爱青年共筑疫情防控"安全墙"。

在紧要关头，只需要团结动员优秀的青年志愿者骨干，发挥他们的力量，调动更多志愿者的参与，比起一个个去私聊、群发消息来得更快。

除了组织志愿者开展防疫志愿服务外，还可以怎样更好地联系青年，做一个有"温度"、有"热度"的队长呢？白占宝是这样做的：在生活中，他利用空余时间主动与公司的青年志愿者打成一片，组织打羽毛球、爬山等体育活动，让志愿者们有更好的交流互动或者组织青年联谊活动，扩展青年志愿者们的交友圈；在思想上，他重视提高志愿队友的思想觉悟和精神素养，带领团队前往团一大纪念馆开展思想教育活动，还组织策划红色剧本杀，让青年志愿者在这种既有趣又好玩的教育中得到成长；在服务技能提升上，白占宝以自己为例，针对团队志愿者分享防疫志愿服务经验，通过链接培训资源等，定期让志愿者们在线上学习防疫志愿

2021年4月，白占宝为防疫青年志愿者授课

守护的青春——记应急救援青年志愿者

服务知识，使团队开展防疫志愿服务越来越专业。

有人问白占宝："你花时间和精力做志愿，那本职工作怎么办？"这是一个比较现实的问题，但白占宝却自豪地回答道："公司对我们青年人做志愿服务非常支持，专门发文鼓励员工们积极参与并对优秀志愿者进行宣传，同时还提供了物资支持、志愿者嘉奖等。现在，志愿服务已经成为我们公司青年的一种生活方式了！""还有就是我的家人，"说到这里，白占宝不好意思地笑了笑，"我的爱人田女士作为一名党员，对我参加防疫志愿服务表示大力支持和赞扬，她自己也会在周末主动参与单位组织的核酸检测志愿服务，为广州市的疫情防控略尽绵薄之力。"

党员先行，做表率

从 2020 年 2 月白占宝写下入党申请书，到 2022 年 4 月被批准为预备党员，是中建八局无数同事主动请战、向"疫"而行的鲜活案例让他明白初心就是力量，使命就是方向；是公司和社区千百党员争先带头当好政策的"宣传员"、防疫的"服务员"和群众的"守护者"的责任担当，让他知道青年人的身上从不只有清风明月，更有奉献担当；是从白天到黑夜无怨无悔、默默付出，用实际行动履行青春使命的广州青年志愿者们，让他看到新时代青年与党和人民同呼吸、共命运、肩并肩、心连心的青春风采。

三年战"疫"，无数平凡又光荣的共产党员，在防疫中默默发挥着自己的光和热，他们在战"疫"一线发出了"我参加""我报名""我是党员我先上""党旗所指就是团旗所向"的铮铮誓言，一刻都不肯松懈地筑牢人民防线，全力以赴守护人民群众生命健康。三年战"疫"，也检验了青年人一代，青年党员们无畏无惧、逆行出征的精神更是激励着白占宝坚定信念向党组织靠拢，做一名优秀的共产党员！

疫情无情人有情，防疫青年志愿者们"青"情集结，凝聚力量，筑牢抗疫防线。自成立防疫应急志愿者储备队分队并担任队长以来，白占

做防疫志愿服务路上的温暖"大白"——青年防疫志愿者白占宝的故事

宝遇到越来越多志同道合的志愿者青年，也在互相鼓励与分享中逐步完善志愿服务方式，丰富志愿服务渠道。

"过去，参加志愿活动既没渠道，更不懂如何去做。而现在不同了，有着越来越多的平台和渠道，不担心渠道和形式，只要你愿意就可以参加。"白占宝笑着说。

他现在的目标是成为一名优秀的党员志愿者，引领带动更多青年同事为志愿服务贡献力量，也鼓励他们积极向党组织靠拢。在与同事分享感受时，他曾说："在广州做了这么多次志愿者，最初还是有点骄傲自豪的。但一想到这三年来，光参与防疫的广州青年志愿者就高达100多万人次，就不觉得骄傲了。"尤其是随着志愿活动越做越多、越做越深，白占宝心中明白，他只是万千志愿者中的一员，一个在工作之余做着志愿活动的平凡青年，一个带领队伍开展志愿服务的青年领队。但他又希望自己不平凡，他想要给自己更高的要求、更多的目标。他希望自己能够组织团队成员，根据工作经验，尽快编写一份可供公司志愿服务队伍使用的青年志愿服务指南，把志愿服务进行分类、总结，指引公司志愿者规范开展各类志愿服务，更好地践行志愿精神！

"要怎么形容明天？像我一样。承风骨亦有锋芒，有梦则刚。"听着微信语音铃声，白占宝希望自己能如《有我》歌中所唱的那样，要一生清澈地爱着，要长歌，领着风，踏着浪，在青春之路上绽放青年志愿者的"星火"之光！

守护的青春——记应急救援青年志愿者

"南山品牌" 医疗志愿服务温暖人心
——青年医疗志愿者莫明聪[①]的故事

在广州医科大学附属第一医院（以下简称"广医一院"），常常能看到一个健步如飞的身影来回穿梭在医院各处，奔波于急需求助的病患之间，他就是广医一院团委书记、南山志愿服务队执行队长莫明聪。周围的医护人员说，这是院里的一道"靓丽风景"。

作为"80后"的莫明聪，从学生时代到现在从未停下志愿服务的脚步，始终坚持用善行感染身边人，服务社会，传递正能量。他牵头成立以钟南山院士名字命名的"南山志愿服务队"，带领团队在广州地区率先探索"社工+志愿者"模式进医院。新冠肺炎疫情来临时，他带领团队积极投身抗疫，负责全院应急防护物资捐赠的接收、管理和及时分发，为一线医护人员提供物资和后勤保障，同时开展"抗疫一线医护人员关爱行动""社区联防联控""校园复学演练"等志愿服务，为打赢疫情防控攻坚战做出了贡献。他和团队的善行足印踏遍全国各地，走到群众身边，踏出了一条医者仁心和志愿者爱心相融合的美丽志愿之路。

脱下白大褂的青年志愿者

2010年，莫明聪刚开始接手医院团委工作。彼时恰逢第16届亚运会

[①] 莫明聪，广州医科大学附属第一医院团委书记、南山志愿服务队执行队长，志愿服务时数近4500小时，积极投身医疗及疫情防控等志愿服务中，曾获全国学雷锋志愿服务"最美志愿者"、中国青年志愿者先进个人、全国向上向善好青年等各级荣誉。

128

"南山品牌"医疗志愿服务温暖人心——青年医疗志愿者莫明聪的故事

在广州举行,医院组织医护人员开展亚运医疗志愿服务。过程中,莫明聪发现很多医院的志愿服务组织难以整合起来,大部分活动需要依托街道志愿者驿站来组织。"能不能组建一支专注医疗领域的志愿服务队伍?依托医疗专业优势打造品牌志愿服务项目,在医疗领域形成凝聚和示范带动作用。"莫明聪陷入了思考。

其实,这个想法并不是第一次出现在莫明聪的脑海里。早在大学时期,莫明聪就积极参与志愿服务,常常利用课后、假期时间组织同学参加"三下乡"活动,探望边远地区的老人,用所学所悟服务他人、服务社会,久而久之,志愿服务成了他的一种习惯。2004年毕业后,莫明聪穿上了梦寐以求的白大褂,来到广医一院工作,通过不断学习与锻炼,逐渐成为科室的技术骨干。与此同时,莫明聪一直参与医院组织的志愿服务,风雨无阻。随着服务的深入,他心里一直有一个想法:"怎样能够让医疗志愿服务更加专业化地发展?"

人生总是充满了惊喜与挑战。令莫明聪没想到的是,自己有幸当选医院的团委副书记,有更好的平台去统筹、开展志愿服务工作。他立刻着手策划,打造一支医疗领域的志愿服务队伍,以"奉献、友爱、互助、进步"的志愿精神和"奉献、开拓、钻研、合群"的南山风格为引领,提高大家对健康的认识,同时帮助一些有需要的人,为广大群众的健康保驾护航。

2011年,在钟南山院士和医院党委的大力支持下,莫明聪牵头将医院志愿服务队更名为南山志愿服务队,深入探索"志愿+专业医疗"的新模式。

万事开头难。南山志愿服务队成立之初,莫明聪面临着团队建设、修章程、定制度、拟计划等诸多压力,队伍更是受到了种种质疑:志愿服务队怎样开展常态化服务?怎样保证服务是医护人员和患者所需要和接受的?……这些质疑如同一座座大山压在莫明聪心头,但他很快就想好了应对之策。

既然没有经验,就在方方面面做研究,获取经验!莫明聪带领队伍开展各类调研,收集患者及家属、医护人员、志愿者三方需求,寻找服务切入点,提升志愿服务项目的可行性。同时,莫明聪报名参加广州志愿者学院的系列培训,不仅夯实了志愿服务的理论基础,还结识了许多

守护的青春——记应急救援青年志愿者

志愿服务组织的负责人。时常向他们"取经",他也逐渐成长为志愿服务领域的专家。莫明聪还将队伍中的志愿者骨干送去培训学习。经过一段时间的培养,队员们的理论基础与实践技能有了显著提升。

2018年,莫明聪在为团队的志愿者开展培训

想要保证志愿服务长期落实,就得在服务队的组织架构和制度建设方面花心思,下狠功夫!队伍经过初步探索,决定采用"党建带团建"的模式,由钟南山院士担任名誉队长,医院党委副书记担任队长,团委书记莫明聪担任执行队长,下属分队按党支部划分,党支部书记任分队副队长、团支部书记任分队副队长,并将志愿服务这一模块纳入党支部、团支部考核。随着服务的展开与推进,队伍的各方面建设越来越完善,尤其是"党建带团建"的志愿服务模式取得了非常好的成效,吸引了众多医院前来学习交流。

队伍开展了一段时间的服务后,又出现了新的问题。原来,加入队伍的成员都是本院的医生或护士,刚开始大家干劲满满,下班后纷纷留在医院参加志愿服务一两个小时,不觉得苦也不觉得累。但是时间一长,队员们难免出现了疲惫的状态。莫明聪敏锐地察觉到队员们这一情况,他陷入了沉思。经过思考,他决定走一条"请进来、走出去"的路——

"南山品牌"医疗志愿服务温暖人心——青年医疗志愿者莫明聪的故事

与已成型的志愿服务组织合作,请他们定期进入医院开展志愿服务;南山志愿服务队则是走出去,做专业的医疗志愿服务,为更广阔、更需要医疗资源地区的群众送医、送药、送健康。结果证明,这种方法非常有效,不仅院内的服务可以常态化开展,院外的服务也拓展得越来越广,队员们都非常乐于参加服务。广医一院的医疗志愿服务早已延伸至国内的新疆、西藏等边远地区,甚至有医生去到非洲塞舌尔、加纳等地开展医疗志愿服务。队伍足迹成就了一条大爱温暖的志愿之路,在医疗行业树立起了志愿服务的"南山"品牌。

"志愿精神和南山风格都是奉献在先,可以说是同根同源,我希望这种奉献的精神文化能够融入医院的核心价值理念之中。"莫明聪解释道,"以前做临床医学这块,现在从事行政工作。虽然我的角色改变了,但是目的始终未变,那就是为患者服务。"

打造志愿服务的"南山"品牌

南山志愿服务队成立后的一段时间里,莫明聪和队员们轮番到医院各科室宣传,说明科室开展志愿服务的必要性。渐渐地,许多医护人员都被他们的热情所感染。但志愿服务在实际工作中到底效果如何,是否对患者有帮助,大家当时还不清楚,心中也有丝丝疑虑。儿科刘护士长就是其中一员。

但很快,刘护士长的疑虑就被打消了。儿科有一位13岁的男患儿小杰,刘护士长查房时发现他坐在床上傻傻地说:"我要杀人,我要杀人……"小杰的父母和儿科医护人员试探着与他交流,他都不理,小杰妈妈吓得哭了起来,刘护士长也心急如焚。莫明聪了解情况后,迅速安排有青少年心理教育背景的志愿者介入,与小杰聊天,进行心理疏导。很快,小杰的各方面状态都调整过来,愿意配合医护人员进行治疗。两周之后,小杰恢复了正常。

患者的变化,让一众医务人员看到了志愿服务的重要性。此后,莫

明聪分别与医院各个科室探讨，根据患者需求、结合学科发展制订志愿服务方案，医务人员也陆续加入志愿服务队中。莫明聪称，现在成熟的项目会交由科室的团队去负责，他则专注于新的学科调研，为其他科室打造品牌志愿服务项目，"我们希望每个学科都有自己的品牌志愿项目，让项目种类更加多元化，切实帮到患者和群众"。

广州呼吸健康研究院（以下简称"呼研院"）呼吸内科是全国闻名的特色科室，收治了许多从全国各地慕名前来治疗的老年慢阻肺患者。莫明聪在开展志愿服务项目调研时发现，很多患者来自外地，多数儿女不在身边，由老伴陪同，有的只身一人，非常孤独。"这种情况挺常见的，老人生病了，儿女要上班，没法全程陪伴，往往是把老人送过来就走了。老人在这孤零零住着，真的是很无助。"莫明聪叹了口气。他们调研发现，老人的需求其实很简单，一是希望有人陪伴，二是希望有人给他们解答一些问题。也有些老人住院久了，对医院科室管理有一些建议，希望有人去倾听接纳，帮他们反馈给科室。

于是，服务队组织志愿者们来到病房陪老人聊天。说各种方言的志愿者都有，有说粤语的，有说客家话的，和老人相谈甚欢，场面十分温馨。项目开展之初曾遇到患者不愿被打扰的情况，因此服务队很用心地根据患者各自的特点进行服务，而且考虑到"老人家听到家乡话应该会更亲切"，将志愿者按籍贯进行了分组。志愿者们在聊天中经常融入健康宣教的内容，比如药物的使用科普、季节转变的温馨提醒等，患者出院后也会定期回访。老人和志愿者几乎每周都聊天，很信任志愿者，也更愿意听取志愿者的建议，渐渐地也消除了对医护人员的畏惧心理，安心接受治疗。

莫明聪是广东新丰人，有一次，他用客家话与一位70多岁的客家患者拉起家常，讲家乡的故事。老人越聊越开心，直到很晚还拉着莫明聪的手不让他走，感慨地说："我从来没有在住院期间遇到这么有心的服务，还有人一直陪伴着我们，广医一院是第一个！"莫明聪心头涌起暖流，一直以来感觉自己做的都是平凡、微小的事情，但对于患者来说却是这么需要的。"真诚与患者沟通才能打开他们的心结，他们也很需要陪伴。"一来二去，这位老人把莫明聪当成了家人，莫明聪也常常过去探

"南山品牌"医疗志愿服务温暖人心——青年医疗志愿者莫明聪的故事

望,直至老人病愈出院。

经过一段时间的摸索后,呼研院志愿者对慢阻肺、肺癌患者的探访项目固定在每周三进行,并被冠以温馨易记的名称——"温暖星期三"。每到周三,病房的患者们早早做好准备期盼着志愿者到来,志愿者们也总是风雨无阻如约而至。

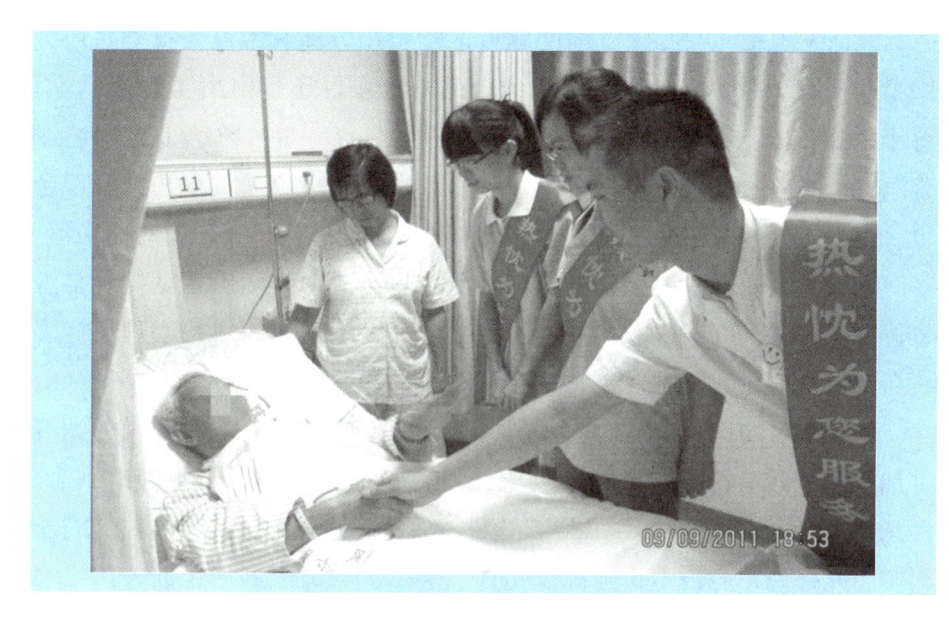

2011年,莫明聪在"温暖星期三"活动中与慢性阻塞性肺疾病患者交流

与此同时,莫明聪和团队一直在探索和创新志愿服务模式,"社工+志愿者"模式就是成果之一。"志愿服务要做到常态化,需要耗费的精力是很大的。医生、护士平时的工作很忙,压力也很大,如果再将志愿服务的工作全部压在他们身上,很难形成良性循环。"因此,莫明聪和广州青年志愿者协会启智服务总队(以下简称"启智总队")一起探讨让医护专心解决医疗问题,让社工志愿者解决患者需求双管齐下的方案。引入医务社工后,社工跟着医生、护士共同查房,医疗方面由医生和护士跟进,其他需求由社工和志愿者关注;同时,医务社工还可以作为志愿服务项目的督导。如此术业有专攻,效果非常显著。

"快乐星期四(关爱白血病患儿)"是"社工+志愿者"模式下衍生的另一品牌志愿项目。白血病患儿在治疗期间需要住院半年左右,这对患儿和家属来说是一段非常漫长的时间。

每周四晚上,南山志愿服务队及启智总队童心童路分队便会来到病房,与孩子们玩游戏、做小手工、绘画,陪伴他们学习等。后来,莫明聪还将健康宣教的内容融入活动中,包括治疗过程中需要注意的手卫生、口腔卫生等,引导患儿及家长正确认识疾病,增强战胜疾病的信心。同时,如果发现患儿有心理方面问题或治疗费用方面有困难,服务队还会做个案跟踪,帮助他们更好地疗愈。此外,项目还衍生出了许多活动。每年,莫明聪与团队会收集孩子们的各类作品,办一场"小太阳艺术节",展示这些作品并进行评奖,以此来鼓励患儿。在白血病患儿联谊会上,服务队会邀请已经治愈的患者回来和住院的患儿、家长面对面交流。平时,院内会开展手卫生比赛、口腔卫生比赛等,鼓励患儿做好日常卫生清洁。"志愿者陪着孩子有说有笑,让我们家长减轻了不少心理负担。"一名白血病患儿的妈妈感激地说道。

随着项目的运营,莫明聪发现,每周四傍晚孩子们吃饭洗澡的速度都加快了,都想快点搬小凳子到阳光区等待志愿者哥哥姐姐们的到来。医患关系变得越来越融洽,患儿和家长对医院的满意度持续升高。"对于很多患儿来说,痛苦不止来源于化疗、手术,心灵上的痛苦同样需要慰藉。"莫明聪看着孩子们的笑脸万分欣慰,"化疗过程中,孩子的生活比较枯燥,以往孩子和家长都是愁眉苦脸的。但是现在,病房里常常充满了欢声笑语。"

"救心行动——先天性心脏病救治行动"是莫明聪与团队打造的一个全流程志愿服务项目。项目链接了多个基金会及各地区红十字会,制定相应的帮扶标准,由医院派出专业团队到全国各地进行先天性心脏病筛查,符合标准的患儿可以来到广医一院接受手术治疗。患儿在治疗前、治疗中和治疗后,都会得到志愿服务团队的爱与呵护。

先天性心脏病的患儿在外貌形态上可能与其他小朋友有所不同,因此往往会有些自卑,家长的心理压力很大。考虑到这一点,在患儿住院的时间里,莫明聪参考"快乐星期四"模式,每周四晚上派出志愿者陪伴患儿,为患儿和家属提供心理咨询和疏导服务,打造院中的"阳光乐园"。治疗过程中,患儿和家属从全国各地来院的交通住宿费用有一定的

"南山品牌"医疗志愿服务温暖人心——青年医疗志愿者莫明聪的故事

补贴,医保报销完的剩余费用由基金会和医院承担,大大减轻了患儿的家庭压力。患儿出院后,莫明聪团队和基金会会定期做个案回访,不仅观察患儿术后恢复情况,还会组织先心患儿参加"成长夏令营",提供一些经济支持,为他们的成长保驾护航。"早些年的先心孩子们,现在好多都上大学了。有些孩子考上大学的学费全部由基金会来承担。在夏令营里,他们会沟通交流,孩子们感情都很深。"莫明聪笑着说。

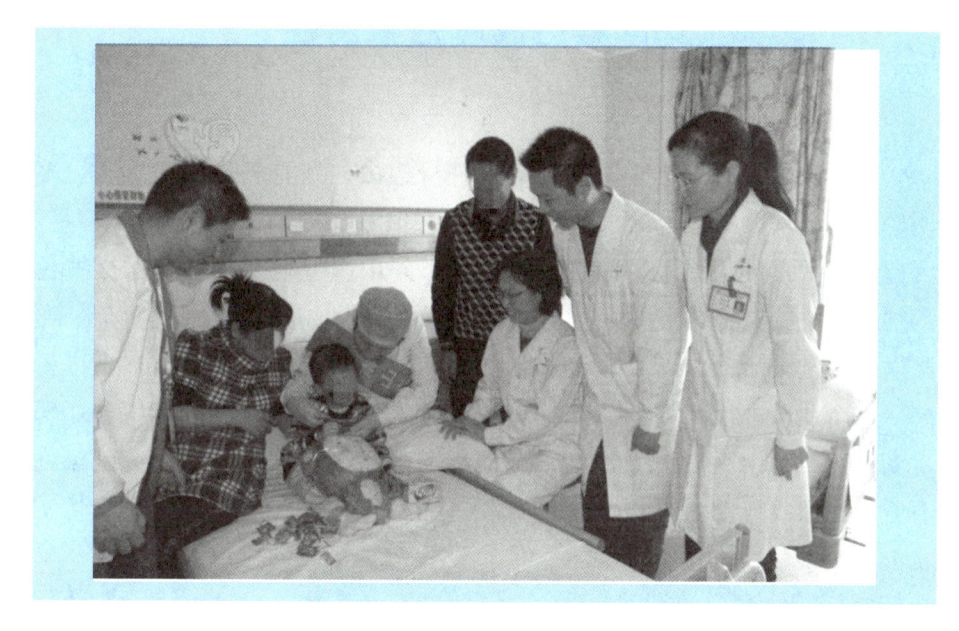

2017年,莫明聪参加"阳光乐园"活动陪伴先天性心脏病患儿

莫明聪团队在医院探访服务中发现,肿瘤患者对其他病友的抗病经历非常关注,特别是生病之后的感受、遭遇,治疗过程中的反应以及应对等。一些已经康复并恢复正常生活的患者的经验故事,往往能对患者起到积极正面的支持效果。于是,团队用"志愿者—病友—医护"的形式,编制出了《看见你的生命故事》。这些故事以实体画册、采访小故事、分享会、线上音频、明信片宣传等多种形式进行传递,让肿瘤患者群体分享他们的生命故事,不仅促进了病友间的联结与相互支持,也让社会了解肿瘤患者及其生命历程中陪伴者的故事,呼吁社会关爱肿瘤患者群体,用生命影响生命。莫明聪团队把这个项目称为"看见你的生命故事:肿瘤患者关爱计划"。

类似的项目如雨后春笋般萌生,"导医导诊""医路相伴""同心同路童手童梦美术公益项目"……一个个志愿服务品牌在莫明聪的策划下在广医一院创立并常态化开展,把滚烫的爱化作信念的灯塔,造福无数患者。

义诊服务温暖万家百姓

南山志愿服务队始终坚持到老百姓身边去,到看病难的山区去。莫明聪是一名从大山里走出来的客家人,深知山区群众看病治病的不容易。因此,他常常带队深入省内贫困地区、市郊山区等地,开展有医疗特色的"党员先锋计划"活动,"青年文明号在行动"暨"健康直通车"送医送药送健康活动,以及"爱肺计划"、"救心行动"、"急救知识进校园、进企业、进社区",关爱空巢老人、社区义诊、技术帮扶,等等。每次到社区或者山区开展义诊活动,他都和当地要求,一定要到贫困家庭看看,为那些行动不便的群众上门体检、诊治,送上"爱心药包",切实为解决群众看病难做出应有的贡献。

每次开展义诊活动,莫明聪既是组织者也是参与者,他坚持亲自上门,为群众送上"爱心医疗"。莫明聪和队员强调,很多贫困地区的群众因为年纪大了或是交通不便,看病非常不容易,通过上门的健康科普和疾病筛查,提前发现、解决一些小毛病,就不会拖成大问题,

2018年,莫明聪带领南山志愿服务队在山区开展义诊活动

"南山品牌"医疗志愿服务温暖人心——青年医疗志愿者莫明聪的故事

避免家庭出现因病致贫或因病返贫的情况。

有一次,得知从化区鳌头镇一贫困家庭的孩子患有重症肌无力却无钱治病,莫明聪便带领专家到其家中探访,为孩子诊疗。刚进门看到患儿的情况,莫明聪就感到了莫大的心酸——孩子的肌无力症状并不算轻,家里还有个姐姐也患有重症肌无力,情况不是很好。这种病症是从下肢开始无力,逐渐往上,伴随着疲劳、动作迟缓、吞咽困难或呼吸困难,一旦出现呼吸困难,想要治疗就非常麻烦了。家长找到以前的病历本给莫明聪团队看,一家人依靠在一起,眼里有着期待,也有着抹不去的愁苦,这样的场景深深刺痛了莫明聪。两个孩子都患病,需要花钱治疗,还需要有人照料,这个贫困的家庭该如何生存下去?

2019年,莫明聪带领团队在学校开展义诊活动

服务队里的医生跟家属提了一些医学上的建议,莫明聪更是主动衔接资源,希望通过当地的相关部门和医院给他们一些指引,帮助孩子尽快就诊。临走时,孩子的家人流着泪说:"太感谢你们了,我们这里从来没有省城的大专家来过,你们来了,我的孩子就有希望治了!"老人家已说不出话来,只是紧紧地握着莫明聪的手。志愿者们的眼眶都红了,莫

明聪心里想:"如果这些服务能够帮到你们,那真的是我们应该做的。"后来,患儿在他们的协助下,前往广州市妇女儿童医疗中心诊治。

对莫明聪来说,老百姓因为在家门口就能得到省城"三甲"医院的专家诊疗而在脸上露出真诚的笑容,他是最开心的。"爱肺计划"是针对肺癌的筛查项目。服务队对接相关部门及一些基金会,为广州市区部分街道的50到70岁常住人口免费做肺癌筛查。莫明聪提到,"爱肺计划"的目的是"早筛早诊早治"。肺癌早期患者做了手术之后就不用化疗,不用遭受那么多痛苦,能够快速康复。如果等到晚期才发现,那时候手术难,化疗效果也不明显,严重影响身心健康。

2016年初,在海珠区百丈颐养中心,患有白内障的老人获得了免费的医疗诊治,这个活动也是莫明聪带领其团队为老人们送去的温暖。2016年7月初,莫明聪带领医院党员志愿者们赴清远佛冈县义诊。一位40多岁的女性被肾结石折磨了十几年,听说有省城专家到社区义诊,一大早就来候诊。当时泌尿外科副主任王医生详细地进行问诊及体检,并建议她做进一步检查。"专业的技术和热情的服务让患者信服,这位女士坚持要跟着王主任到我们医院治疗。"莫明聪说,医护人员到基层义诊特别受尊重,包括知名专家在内的志愿者们都很乐意参与。

2022年6月30日,正好是七一前一天,服务队来到白云区江高镇双岗村上门看望老党员。有一位老党员党龄刚满50周年,胸口还戴着在党50周年的勋章。莫明聪带队上门体检时,老人家激动地说:"现在越来越好了,还有大医院的同志上门给我们看病!"随即站直,如同松树般挺立,手臂有力地抬起向志愿者们敬礼。莫明聪心头暖暖的,队员们也都很受触动,通过自己的专业所学能够把党的关心带给社会,这样的服务非常有意义。

"我们在建设青年文明号的同时,融合了志愿服务的内容,不同科室可以在其中发挥不同的作用。"莫明聪举了几个例子,比如急诊科和重症医学科在急救方面的专业能力非常强,可以打造急救知识进社区、进校园、进企业的项目,向广大群众普及急救知识和技能;再比如康复科,可以打造一个关爱青少年脊柱健康的志愿服务项目,宣传青少年脊柱健康知识,推广健康脊柱保健操等。在这个过程中,志愿服务和党建、学科发展、专业特色紧密结合，可以说是相辅相成、相互促进。因此，各个科室的医护人员都愿意积极参与相关的志愿服务，运用自己的专业所长去治愈更多的患者。

如今，南山志愿服务队的足迹已经遍布广东、新疆、西藏，还有非洲加纳、塞舌尔等国家，着实为解决当地患者看病难贡献了医疗专业力量，得到多方一致好评。

守好疫情防控的"大后方"

2020年初，一场突如其来的疫情牵动着亿万中国人的心，举国上下众志成城，共克时艰。临近春节假期，广医一院并没有像往年一样喜气洋洋，而是严阵以待，整装待发，一批又一批医护人员奔赴抗疫一线，一箱又一箱物资从仓库运往疫情严重的地区。

此时，莫明聪正在紧急撰写单位接受社会捐赠的公告。原来，作为钟南山院士团队成员、南山志愿服务队执行队长，莫明聪主动承担起了抗疫后勤保障工作，肩负着应急物资捐赠对接、管理及分发，为医院医务人员及援鄂医疗队等提供物资保障的责任。"作为一名中共党员，组织需要我，我二话不说。没问题，这个事情交给我吧！"莫明聪坚定地说。

当时，广医一院预判到春节期间防护应急物资将严重紧缺。1月23日下午，接受捐赠的公告对外发布，莫明聪也通过各种微信群转发需求。不少人惊呼，钟南山院士团队也缺医疗物资！很快，莫明聪的微信消息不断地弹出，电话接不完，手机变得像闹钟，原来是社会各界都在联系捐赠物资的事宜。莫明聪不停地对接、记录、统计并交接给仓库。由于捐赠物资有一定的标准，莫明聪很快建立起"后援团"，邀请了院感科、总务科、供应室、设备科、药学部等共同商议接收捐赠物资的事宜。

然而，疫情来势汹汹，既要为驰援湖北的同事"备粮草"，又要为本院抢救危重患者筹物资。从除夕到3月初，莫明聪几乎每天从早晨6点开始工作，一直忙到次日凌晨1点。他带着医院的团员青年争分夺秒，

守护的青春——记应急救援青年志愿者

短时间内为 5 名队员准备了 27 件行李。1 月 26 日大年初二，医院防护眼罩告急，莫明聪了解到花都区一企业愿意捐赠 200 副医用防护眼罩，立马驱车 200 多公里到工厂取物资并将物资送到医院临床一线，解了燃眉之急。"虽然疫情期间有很多未知的东西，但看到有这么多人在关心、支持着我们，哪怕有再多困难，我们都会努力战胜。"莫明聪带领团队累计接收、整理、分发应急物资 150 余万件（箱），善款 600 多万元。

2020 年，莫明聪开展"一线抗疫人员关爱行动"整理物资

医护人员在外战"疫"，最放心不下的就是家庭。莫明聪主动了解援鄂一线医护人员和家属的需求，解决医护人员的后顾之忧。南山志愿服务队的小伙伴以"二对一"，即两个志愿者对接一个家庭的方式，与驰援湖北医护人员家庭结对，及时了解需求、解决问题。服务队不仅保障援鄂一线医护人员的口罩、消毒用品等防护物资，还为医疗队员及家属送菜送水果上门，为其子女送上"学习能量包"和心理咨询等服务。

莫明聪还联系了广州市的理发师，为广医一院 7 批近 500 名抗疫一线人员免费理发，解决"头等大事"。由于疫情防控的要求，当时大部分理发店都关门谢客。而抗疫一线的医护人员需要保持"两点一线"的生活，不能离开院区，许多医护人员的头发都乱蓬蓬的，甚至遮盖了视线。莫明聪立刻与团市委、相关组织沟通，联系一些理发店，说明了入院理发的需求。没想到，广州的"Tony 老师"们十分给力，纷纷自愿报名来做义剪志愿者。其中一位年轻理发师感慨地说:"疫情面前,医护人员是最辛苦的了,没想到我的手艺也能够帮到他们。为抗疫出一份力,我非常高兴。"义剪志愿者们的行动让莫明聪和医护人员们十分感动,而其他医院看见广医一院有这么好的志愿服务,也纷纷来对接,希望理发师们为忙于抗疫的医护人员理发,热情的理发师志愿者们都非常乐意。

为了做好防控工作,莫明聪组织百余名志愿者到广州南站、社区、医院等开展联防联控工作。南山志愿服务队的志愿者随广州医科大学学生处、团委到广州南站、汽车客运站等检测点值守,为过往乘客检测体温,把好外防输入的关键关口。此外,队伍组织"社区三人组",到辖区内各社区为从武汉返回社区的居民上门服务,对重点人员落实追踪到人、登记造册、居家隔离等防护措施。除了支援一线,莫明聪还带领大家制作了一批防疫宣传科普知识视频、宣传册,协助基层党政部门编制防控手册,引导社会正确认识新冠肺炎疫情并做好个人防护。另外,莫明聪还带领团队开展校园防疫培训10余场,受众超过3万人次,为复工复产复学提供坚强的医疗保障。

2021年5月,广州发生本土疫情,莫明聪带领团队积极响应,支援广州市第八人民医院及核酸筛查等工作。此外,他们还为院内29轮全员(14.5万人次)核酸检测、近万人次疫苗接种提供信息录入、指引等志愿服务;开展"抗疫一线医务人员关爱行动",衔接近50万件物资对抗疫一线医务人员及家属进行慰问;为广州中考录制防疫视频,跟车提供防疫宣教,为中考顺利进行保驾护航。2022年广州疫情,团队义无反顾地冲到第一线。

是什么让南山团队招之即来、来之能战、战之能胜?莫明聪的回答是志愿精神和南山风格。非典时期,钟南山院士坚定地喊出:"把最严重的病人送到我这里来!"如今,志愿精神和南山风格影响着一代代的南山人。遇到困难时,莫明聪和志愿者们坚定地说:"我是南山志愿者,我先上!"虽然新冠疫情防控取得了阶段性成果,可医务工作者没有功成身退日,保障社会各界平稳复工复产是南山人肩上的重担。"这是一支有着光荣传统的医疗志愿队伍,在钟院士的感召下,正在把悬壶济世的精神发扬光大!"莫明聪感慨道,"一线医疗志愿服务很累,更要不忘医者初心。"

守护的青春——记应急救援青年志愿者

十多年来，莫明聪和他的南山志愿服务队队友们积极开展各类义诊、健康咨询活动、探访活动近千余场次，志愿服务时长达19万余时，受惠群众近90万人次。团队先后获得全国学雷锋志愿服务"4个100"最佳志愿服务组织、全国抗击新冠肺炎疫情青年志愿服务先进集体、第五届广东省志愿服务金奖（集体）、广东优秀战疫志愿服务典型组织等各级荣誉，也成为全国卫生健康行业青年志愿服务联盟首批会员。团队项目还曾获中国青年志愿服务项目大赛银奖、全国卫生健康行业青年志愿服务项目大赛铜奖、团省委"益苗计划"示范项目、第六届广州志交会优秀项目等，获得资助近20万元。

面对诸多荣誉，莫明聪谦虚地说："荣誉属于团队，属于过去。未来，我们还要继续努力。一个人的力量是有限的，我希望更多人加入到志愿服务中来，践行志愿精神和南山风格，共行善举！"

南山志愿服务队合影

应急救援路上的"专业跑手"
——应急救援青年志愿者徐玮杰[①]的故事

也许你不曾参与接力比赛，但你总见过手握接力棒的跑手吧。应急救援的道路上也有"跑手"。这名"跑手"并不像常见的跑手那样身姿矫健、轻如飞燕，"嗖"的一声冲向下一个队友；而是重任在肩，追求专业，真诚地把"接力棒"交给下一代。这名"专业跑手"是谁呢？

2023年，对于作为"80后"的徐玮杰而言，是非常有意义的一年——他43岁了；对于作为专业医疗志愿者的徐玮杰而言，也是非常有意义的一年——他从事志愿服务已经24年了。自小受助人为乐的父母影响，每每看见父母开心的脸庞与大家的笑颜交织在一起，年幼的他总是心有触动，在心里种下助人向善的种子。在父亲的影响下，徐玮杰选择了从医，选择了助人。从1999年大一期间定期探望孤寡老人开始，到现在同时运营三个公益团队，致力于打造"能够到救护车上参与抢救的志愿服务队伍"的他，未来想继续把当初鼓舞他选择人生道路的精神——志愿精神，传递给更多人。

[①] 徐玮杰，广东省医疗辅助志愿服务总队总队长、广州青年志愿者协会医疗辅助总队总队长、越秀区新时代文明实践分中心负责人、越秀区平安促进联合会会长，志愿服务时数约3200小时。积极投身参与应急救护等各项志愿服务，曾获得全国文明家庭、全国最美家庭、全国学雷锋志愿服务"最美志愿者"、中国青年志愿者先进个人、"中国好人"提名、"广东好人"、广东省学雷锋标兵、广州市道德模范等荣誉称号。

立志于一时，缘起于"医时"

在社会公益道路上，徐玮杰一人身兼多个角色：广州青年志愿者协会医疗服务总队总队长、广东省应急医疗辅助队队长、广州市越秀区暐杰志愿服务工作中心理事长……有志愿服务队队长，也有慈善机构负责人，他不仅多个身份"切换自如"，更是将公益变成了生活的一部分。到底是什么让徐玮杰踏上了应急救援的公益道路呢？

徐玮杰是土生土长的广州人，童年的大部分时间，每个周末他总会坐在父亲的单车上。上哪儿呢？单车前往的终点不是游乐场，而是患者的家。"为什么不让病人去医院里看病，而要医生去病人的家里看病？"小小年纪的徐玮杰问父亲，得到的是一个简单回复——在自己能力范围之内，能够帮助一点就帮助一点。父亲是一个助人为乐的人，获誉"社区热心达人"的母亲也同样是个热心肠的人，常常在社区奔忙。就是在

2016年，正在门诊坐诊的徐玮杰

这样的家庭环境熏陶下，徐玮杰懂得了能帮就帮，敢做善成。

时间来到1999年，刚上大学一年级的徐玮杰开始了志愿服务之路。"最开始做志愿服务是在大学里，那时常常定期去探访一些孤寡老人，帮他们打扫卫生，陪他们聊聊天之类的"。昔日父母的那些助人向善的片段在他的心里种下了种子，"在当时那个年代，没有什么志愿者、义工之类的，最多还是'学雷锋'，但这些其实是相通的"。人与人之间的温暖，在他的身上悄悄发芽。

救人助人，利人利己

2007年大学毕业后，徐玮杰回到广州，决心用学到的医学知识去做更专业的公益服务。他先在大东街社区卫生服务中心的美沙酮维持治疗门诊任医师。他所在的门诊，是全国第一家社区美沙酮维持治疗门诊，接收全国各地戒毒转诊人数位列第一，平均每天接待的人员近300名。徐玮杰不仅为患者提供药物治疗，更有心灵交流，使人温暖和煦、如沐春风。

工作之余，公益是生活的作料。2007年徐玮杰加入了广州青年志愿者协会医疗服务总队，利用自己的闲暇时间做公益。从此，他最常穿的只有两件衣服——一件是周一至周五出门诊时穿的白大褂，另一件是日常执勤、普及急救知识时穿的医疗服务队制服。脱下白大褂，他的每个休息日几乎都是奔走在服务路上。就是在为应急救援奔波的日日夜夜中，徐玮杰为街坊邻里普及了急救知识，自己也积累了丰富的应急救援经验。

2008年，汶川发生8.0级大地震。惊闻特大地震造成了重大伤亡后，已有9年志愿服务经验的徐玮杰主动请战前往抗震前线，成为首批赴四川抗震救灾医疗救护队的志愿者并任副队长。其间，他带领队伍奔波于十多个受灾严重的乡镇，紧急出诊达300多次，在31个医疗服务点为5 000多名灾区民众和解放军官兵进行医疗服务，捐助和派发各类药品、食品120多箱500多件，团队向都江堰市人民医院捐赠价值20多万元的

守护的青春——记应急救援青年志愿者

急需药品。为将药品送到需要的灾民手中，队员们冒着生命危险，在随时有可能发生余震、坍塌、病毒感染等多变的形势下，屡次步行十多公里山路，翻山越岭、穿越沼泽、步入死亡区，采取驾冲锋舟、用肩扛、接力传送等各种方式，跑遍了虹口、映秀、向峨乡等几乎所有的重灾区和危险区，救助了数以千计的灾民。这支英勇的"志愿者铁军团队"得到了四川灾区人民的高度评价。

当时的情景，徐玮杰不愿过多地回忆。一座座美丽的村庄和县城被夷为平地，一条条宽阔的道路从中间裂开，转瞬之间，到处是倾倒或者坍塌的房屋，大街上满是滚落的巨石，灾后三天的情景依然如是。残垣断壁，满目疮痍，生灵涂炭也不过如此。目睹了满目萧然的废墟，亲历了天灾无情的地震，徐玮杰感到"人的能力在天灾面前是非常的微薄的"。求学和日常工作的经历，让他更加深刻地体会到，一个人救人是远远不够的，需要带领更多目标一致的同伴们一起去做，才能去影响和帮助到更多需要帮助的人。"回来之后，我一直在思考一个问题，如果这次大地震发生在我居住的广州，我们应该怎么办？我的答案是：组建一支专业的医疗志愿服务队伍。这样，当灾难来临时，便可为大家提供紧急救援和医护治疗。"

这一次的应急救灾让他下定决心建立一个和应急、急救和救护相关的公益志愿组织。星星之火，看似势单力薄，但汇聚成漫天星火，便可形成燎原之势，照亮广袤大地。

汶川地震救灾归来，荣誉和责任同时来到徐玮杰的身边。他被评为"广州市抗震救灾先进个人""广州市医疗卫生系统抗震救灾先进个人代表"，而且成为广州青年志愿者协会医疗服务总队总队长。2008年下半年上任后，徐玮杰有了新想法并付诸行动：成立专门机构管理志愿者，挑选责任感强、有培养前途的志愿者组成更专业的骨干队伍，队伍增至400多人，并致力于医疗健康、应急救援的志愿服务。

自2008年开始，徐玮杰和他的团队用专业知识培训了数千名合格的初级急救员，并且带领整个医疗志愿者团队致力于推广救人自救急救技能，让倒下的人旁有人扶、懂得扶、正确扶和敢去扶。他们进社区进行急救宣讲，为居民普及健康知识、讲授急救方法，渐渐地吸引了很多志

应急救援路上的"专业跑手"——应急救援青年志愿者徐玮杰的故事

愿者加入进来，志愿队伍愈发成熟。2013年下半年，徐玮杰成立了专门为社区老人服务的社工机构——众友社会工作服务中心，并担任众友社会工作服务中心负责人。科普急救知识、照顾老人……多维度的志愿服务体系逐渐形成。

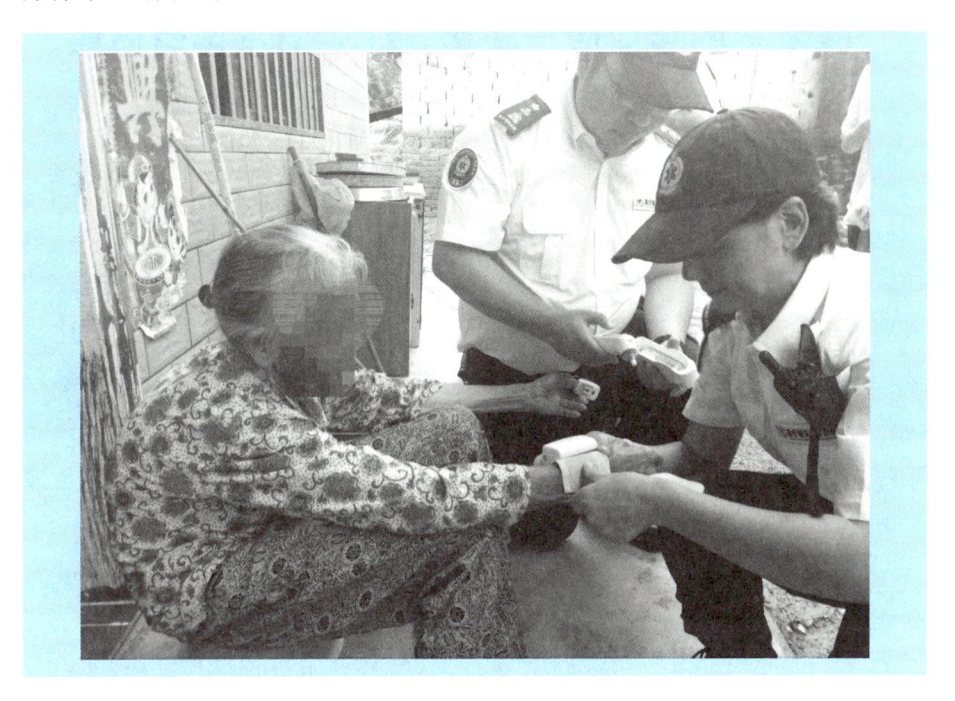

2019年，在从化吕田执行援灾行动的徐玮杰（居中）

投身公益慈善，让徐玮杰的生活被忙碌填满。在他看来，家庭永远是支撑自己的动力之一，有志同道合的家人和伙伴一起做志愿服务，就是快乐的事情。

徐玮杰和妻子分别于2012年、2015年收获了他们的爱情结晶。徐玮杰告诉孩子，能够在帮助别人时感受到受助者真诚的快乐，自己的心也会跟着一起快乐起来，既利人又利己。

"大儿子会经常和我们一起去帮助别人。"徐玮杰说。周末，他会带着孩子们一起参加公益活动，在学习更多知识的同时，体验帮助别人的快乐。

受父亲的影响，大儿子经常带着他的小同学们一起来参加他们在广州市儿童公园举办的儿童安全训练营活动，学习一些安全常识。一传十，十传百，越来越多身边的朋友也带着他们的孩子成为小小志愿者参与到他们的活动中。

"抱团"的专业应急救援，让生命不再有遗憾

当被问到为什么要做专业应急救援时，徐玮杰回忆起了一件往事："她是我们队伍的一名急救知识教员。一天凌晨，她父亲突发心脏病，当场就没有了呼吸脉搏，她给父亲做了13分钟的心肺复苏。可惜的是，老人因年迈体衰，最终没能抢救过来。后来，她在课堂上讲的一番话让我至今记忆犹新，也成为我坚持志愿服务的动力。她说：'如果我没有学习急救知识，那么在父亲倒下的时候，除了打120我什么也做不了，只能眼睁睁地看着父亲离去，这辈子永远都不会原谅自己。但是，在父亲最需要我的时候，我已经尽了最大的努力，那就无怨无悔了。'"

"急救是一种社会责任，需要全民的参与。既然要全民的参与，就必然要专业化，通过专业的指导，将专业的应急知识传授给大众。"

"首先要用专业知识武装志愿者队伍。"徐玮杰常将这句话挂在嘴边。当年刚抵达汶川地震灾区现场，徐玮杰就看到无序的志愿者群体背后隐藏着的巨大危机——大广场上散乱分布着数以千计的业余志愿者；垃圾堆得像小山一样；临时厕所设置在广场的上风向，人群则聚集在下风向，人们随意进出厕所，中间没有任何阻拦；地上淌着被污染的雨水，人们却缺乏饮用水和生活用水，进食前都没有水洗手。

"白天是三四十摄氏度的高温，晚上下着倾盆大雨，这样的环境极易传播传染病。只要有一个人染上霍乱，所有人都会被传染。"徐玮杰很是着急，"从那时开始，我就意识到，想帮人当然是好事，但在危急情况下，这些业余的志愿者帮不上忙，反而可能添乱。"

徐玮杰在推广急救知识的过程中，发现项目需要大量专业人员参与。于是，徐玮杰夫妇每次与同事、同行聚会时总会进行"游说"，鼓励更多的医界朋友共同普及急救知识，造福更多民众。徐玮杰和他的妻子会亲

自带领志愿者在广场、公园等场所设置急救知识宣传点,主动联系学校、企事业单位并上门免费讲授急救知识。

2021年,在增城某学校开展急救培训的徐玮杰

为了让全民懂急救、会急救、能急救,在提高队伍专业化水平的同时服务大众,2014年徐玮杰成立了以自己名字命名的志愿服务工作室——徐玮杰志愿服务工作室,次年工作室正式注册为民办非企业机构"暐杰志愿服务工作中心"。工作中心主要有专业急救的"岭南医疗辅助队"、服务孤寡老人的"恒爱服务队"和帮助特殊儿童融入社会的"生命天使小队"3支专业分队。其中,"岭南医疗辅助队"的专业性最强,徐玮杰是这支队伍的教官。这支队伍目前有两三百人,实行半军事化、专业化管理,承接了多项政府的大型赛事及儿童公园开园等重大活动的医疗急救防护、安保等志愿服务工作。

"我们着力打造一支专业队伍,一支能到救护车上参与抢救的志愿服务队伍。"徐玮杰说。经过严格培训、考核通过的辅助队队员将登上救护车,与医生护士一起值勤,参与到对患者的院前急救中去。徐玮杰说:"假如我们能全面接手一辆救护车上的工作,急诊科就能省下1名医生和

2名护士，大大减轻医院的接诊压力。"

医生和志愿者的双重身份相互交叠，总会在不经意间让徐玮杰回想起那些在美沙酮维持治疗门诊接待患者的酷暑盛夏、寒风隆冬。"我一辈子最多也就看2万名患者，但是我带着队伍做医疗志愿服务，一年的服务量就远超这个数字。"徐玮杰逐渐将工作重心转到向民众普及急救知识上。

"我的朋友做了10年的120急救医生，但这十年他只抢救过来1个人，这让我深感无力。"徐玮杰意识到民众急救知识的匮乏："一个人一旦停止呼吸，大脑细胞就会急剧死亡，必须在4分钟内进行心肺复苏，否则即使救过来也基本上是植物人。"遗憾的是，救护车到达时间往往超过4分钟，而大多数民众并不懂得基本的心肺复苏术，致使遗憾不断重演。

徐玮杰和他的团队在社区、机关单位广泛开展面向成年人的急救科普教育，但还是离"让人'会救'也'敢救'"的目标相去甚远。这时，徐玮杰和他的团队把目光投向了祖国的未来——青少年。"我们发现，培养下一代的急救意识要比改变成年人的观念容易得多，所以我们将工作重点转向了青少年。"

奔走呼吁下，徐玮杰和他的团队于2015年启动了提升广州市中小学生应急救护能力的综合培训——"生命彩虹计划"项目，每年在应急安全培训基地与社区开展消防、野外求生、溺水救援等各类急救知识的培训，年均有3万名青少年与社区居民受益。课程采取"理论+实操"相结合的教学模式，结合生命安全自救的知识技能，通过进行室内或户外定向活动，将生命安全自救知识融入游戏中，寓教于乐，一方面加深了知识点、技能的记忆，另一方面吸引了更多的青少年参与进来，增加他们学习应急知识的动力。在他的引领下，这项项目获得了第二届"创益越秀"公益项目创投活动的成熟型优胜项目奖，并成为晖杰志愿服务工作中心多年坚持开展的常规项目。

2018年，徐玮杰和他的团队与广东省第二人民医院共建的"救护之翼"广东省应急救护志愿者培训基地项目获第四届中国青年志愿者服务项目大赛金奖。在共青团广东省委员会、广东省政府应急办、广东省卫生计生委指导下，该项目通过定期培训、分级管理、场景实训、任务出

应急救援路上的"专业跑手"——应急救援青年志愿者徐玮杰的故事

2020年，在越秀区综合实践活动教育基地为青少年开展急救培训的徐玮杰

勤模式，为超过20万群众进行应急救护知识技能培训，培养拥有多个国家和国际急救认证资质的志愿者超过1.5万人。

抱团借力，才能使出更大的合力。为了让应急救援事业得到更好的发展，徐玮杰深知要集聚更多的爱心人士和公益团体。为此，他号召社会各界的志同道合之士共同奋斗。2017年，在广州市越秀区委宣传部、越秀区文明办指导下，越秀区成立了越秀好人志愿服务中心，徐玮杰任运营总监，担任常务运营工作。借助平台，他积极带动大家参与各类公益活动，除了普及急救知识，还包括帮扶困难群体。2019年，以越秀好人志愿服务中心为载体的越秀区新时代文明实践志愿服务联盟成立，徐玮杰担任好人志愿服务中心主任。在徐玮杰的努力下，仅2019年一年就有10多支志愿服务队伍加入越秀区新时代文明实践志愿服务联盟。"发起成立越秀区新时代文明实践志愿服务联盟，是要将更多力量和资源集结到一起，全力推进越秀区新时代文明实践中心建设，推动文明实践持续发展、充满活力。"

抱团，自己先要专业。徐玮杰目前是具备多个国家和国际急救认证资质的资深应急救援领域导师，他的模范故事鼓舞着身边的伙伴。"救在身边"对于他而言并不是一句空谈的口号。除了在应急救援领域育人无数，他还和自己的应急救护专业志愿者团队成员，通过自身掌握的救援技能，随时向急需的路人伸出援手，这类应急救助的事件屡见不鲜。

抱团，才能奔向更远的未来。在徐玮杰和他的团队的努力下，暐杰志愿服务工作中心已配备了先进、专业的应急救护设备并扩展到800余人，拥有专业应急救援救护培训讲师50多名，并设有数名专职人员，与多个爱心单位合作，提供各类专业化的赛场志愿服务和应急救护安全保障服务。目前，志愿者定期培训心肺复苏、包扎、止血等急救项目，并向街坊市民传授家庭急救技能。

2020年，为广东省足球城市冠军杯赛提供应急服务的徐玮杰

将助人的"接力棒"传递下去

庚子鼠年，新冠病毒肺炎疫情暴发。"千头万绪理不乱，万水千山只等闲。"从2020年开始至今，三年时间，徐玮杰和他的团队一刻未曾停

应急救援路上的"专业跑手"——应急救援青年志愿者徐玮杰的故事

歇，积极响应党和政府的号召，参与疫情防控阻击战，通过防疫宣传、志愿服务等各种形式，支援抗击疫情一线，给这场没有硝烟的"战役"增添了许多温暖和感动。

2021年在广州高考考场保驾护航的徐玮杰（右一）

2021年，新冠病毒肺炎疫情"突袭"广州，在疫情尚未好转的情况下，广东省人民政府和省教育厅等部门科学部署了广州高考，保障学生"应考尽考"。为了保障疫情下的高考安全有序，徐玮杰主动响应号召，率领团队进驻越秀区的9个考点外围开展应急救援保障工作。这不是徐玮杰第一次组织开展高考应急志愿服务了。鲜明的制服、专业的服务，引来无数目光的驻留。高考场内文思泉涌，高考场外热流涌动，"三足"（应急救护装备足、专业队员配备足、应急预案准备足）的徐玮杰和他的团队让无数考生放下顾虑的心，让无数家长放下惦记的心，让无数在远方正关注此地的人们放下牵挂的心。

"虽然很累，但能为生活的这座城和身边的人做点事，感觉很踏实，也很幸福。"没有什么壮志豪言，没有什么惊天壮举，有的只是抗疫路上的并肩作战和相互温暖。一句朴实的内心直白，道尽了徐玮杰参与应急志愿服务的本心："作为抗疫志愿者其中的一员，我切身体会到自己担负的责任和使命。后面的日子我仍会坚守在我的岗位，我们志愿者会继续出发。"

守护的青春——记应急救援青年志愿者

2020年，为广州马拉松提供应急救援服务的徐玮杰（左二）

　　截至2022年，徐玮杰组织了超过20000名志愿者，参与了多次防疫抗疫活动，包括核酸检测工作、疫情知识上门宣传、疫情情况入户调查等。疫情期间他更发动了爱心企业为社区、街道捐赠各类抗疫物资，价值将近8万元。

　　长期的志愿服务生涯，让徐玮杰收获了无数荣誉，"全国最美志愿者""广东好人""第六届广州市道德模范"……荣誉加身并没有让他停下前进的脚步。非逐名利，但为精神。他的愿望很简单，就是在应急救援的道路上把满载爱心的志愿精神传递给更多的人。

　　徐玮杰说，"这就像是我们家庭的一个'接力棒'，由父母那一辈传给了我，而我又将它传给了自己的儿子"。他希望，儿子也能够将这种精神继续传承下去，让儿子的孩子，甚至孩子的孩子也能够在帮助别人的同时，感受到快乐。徐玮杰的儿子在接受志愿者采访的时候被问到"有一个志愿者爸爸是什么样的体验"，小朋友回答："我有一个志愿者爸爸，我感到很自豪。长大以后，我要传承爸爸的志愿精神，传递更多的爱心！"推己及人，助人为乐，薪火相传，这不正是"奉献、友爱、互助、进步"的志愿精神的真实写照吗?

一个合格的跑手就应是这样:紧紧攥握着"接力棒"——助人的志愿精神,随时以自己最快的速度、最专业的手法、最真诚的心灵将"接力棒"交接给下一位跑手。在应急救援的路上,"跑手"已经出发!

守护的青春——记应急救援青年志愿者

青春无悔应急人
——中山市应急志愿服务总队总队长温镕庆[①]与"橙衣人"的故事

在中山这座有着博爱精神的伟人故乡，人们常常能看到一抹靓丽的橙色，那就是中山市青年志愿者协会（中山市义务工作者联合会）直属队伍——中山市应急志愿服务总队（以下简称"应急总队"）的身影。正如应急总队的服务口号"献我所能，服务应急"所述，他们用行动践行着守护这座城市的承诺，在大规模集中核酸检测采样、中山"慈善万人行"活动、中山马拉松等大型活动现场，或是台风暴雨天气、山野搜救一线，总能见到他们橙色的身影。

作为应急总队总队长，温镕庆动容地说："在带领应急总队的多年时间里，有许多让我热泪盈眶的瞬间。他们热诚担当、无私奉献的行动，无愧为中山新时代'最积极、最有闯劲、最少保守思

2018年，应急总队在横栏龙舟比赛服务现场

---

① 温镕庆，中山市青少年活动中心（中山市青少年宫）综合部副部长、中山市应急志愿服务总队总队长，志愿服务时数近3000小时。曾获中国青年志愿者优秀个人奖、中国青年志愿服务"铜奖"，广东省2016—2018年脱贫攻坚突出贡献个人，2019年广东省"向上向善"好青年等荣誉称号。

想'青年。"每次突发应急事件，这群"橙衣人"总是冲在第一线，不断用闪亮的橙色温暖着人们。

汇聚力量，组建应急总队

时间回到 2008 年，当时还是应届毕业生的温镕庆，以志愿者的身份参加了为期一年的支援汶川灾后重建工作。从此，他与应急救援结下了不解之缘。

汶川之痛，举国同悲，无数仁者义士自发地奔赴汶川支援。温镕庆也一直关注着汶川的灾情，奈何自己只是一个学生，缺乏前去支援的条件。有一天，学院辅导员突然找到温镕庆，问他："省指导中心和广东援建计划办公室组织了一个西部计划抗震救灾专项行动，会去汶川支援灾后重建工作，你要不要来参加？"听到这个消息，温镕庆没有丝毫犹豫，立即报了名。

2008 年 7 月，经过遴选和统一培训，温镕庆随队到达了四川省汶川县漩口镇，距离震中区映秀镇只有十几公里，受灾十分严重。直面灾区现场，温镕庆的内心受到了巨大冲击，"我永远不会忘记那个场景：一片废墟，满目疮痍。楼房是倒塌的，道路被损毁。我们只能住帐篷。"搜寻幸存者、安置灾民、保障生活物资、消杀防疫、疏通道路和围蔽危险区域等，每一件事情都十万火急。

由于地形复杂，村落非常分散，温镕庆每天都要爬三四个小时的山，早上天微亮就出发。中午没法煮饭，就从背包里掏出硬得跟砖头一样的压缩饼干啃几口，白开水一送，勉强咽下去，再继续往上爬。"不过压缩饼干是真的饱肚子，足以支撑体力。"在山村干完活，回到营地已是傍晚。一天下来，志愿者们都累得不行。温镕庆还在当地临时组建了一个青年志愿者服务队，挨家挨户号召了七十多个年轻人加入，修补房屋、挖水渠、发放物资等，做一些力所能及的事情；为许多队员举行了"火线"入团仪式，增强他们对团的归属感。温镕庆感觉时间过得飞快，每一天都格外充实，助人的幸福感盈满心间。

随后的一年里，温镕庆在当地县团委的指导下组织当地青年积极参与生产自救，协助解决灾区群众的生活所需，为当地的复产复建发挥了积极作用。他也锻炼了自身的应急救援技能，积累了组建志愿者团队的宝贵经验。

2009年，温镕庆回到中山工作，加入到中山市青年志愿者协会。中山是伟人故里，更是"博爱"的精神家园。民主革命先行者孙中山先生曾高举天下为公的博爱大旗，引领中华民族从混沌走向觉醒，中山因之闻名世界。自1988年民间文艺工作者提出组织"敬老万人行"以来，中山市每年都会开展"慈善万人行"大型公益活动，扶危济困、敬老助残，无论是中山本地人还是海内外侨胞都乐于参与。经过多年的积累沉淀，"慈善万人行"已成为中山最具特色的城市精神文化品牌，成为中山人民津津乐道的城市名片。

在日常工作中，温镕庆接触到了许多户外登山爱好者，他积极当好联系青年、服务青年的纽带，逐渐凝聚了一群热心户外救援、热心公益的青年。2010年青海玉树地震，一些民间公益组织通过论坛、QQ群等途径号召大家捐资捐物，很快就召集了一大批人，筹集了很多保暖和助学物资。"那时候开始意识到，在突发情况下，有一支能够第一时间赶到现场的专业队伍有多重要！"温镕庆跟随他们一起把物资运送到玉树，并在当地走访。他惊讶地发现，这些民间公益人不仅有着很强的动员能力，而且已开始研究地震自救、心理疏导、应急救护等操作，想把应急救援志愿服务做得更专业。这些民间公益组织希望能在政府引导下组建一支专业的应急志愿服务队伍，可以把人才都吸纳进来。

民间公益组织的诉求让当时的中山团市委的领导非常重视，得到认可和推动。2011年，中山团市委、市青志协（市义工联）将这群有为青年招致麾下，成立了中山市应急志愿服务总队，并委任温镕庆为总队长。队伍整合多方资源，吸纳了各领域的人才，包括多个民间公益组织成员，越野车、摩托车爱好者，专注青少年防溺水宣讲等服务的拯溺团，攀岩、应急救护、心理辅导、无线电运动通信等领域的专业人员，等等。应急总队成员们统一穿着橙色的队服，在阳光下熠熠生辉。

青春无悔应急人——中山市应急志愿服务总队总队长温镕庆与"橙衣人"的故事

应急总队的成立实现了中山应急救援志愿服务队伍从无到有的突破，但问题也随即接踵而至：组织架构如何搭建？培训体系如何健全？应急志愿服务要做什么……"青年人本就该最肯学习、最有闯劲、最少保守思想，只要社会和群众有需要，就算摸着石头过河，也要去做。"温镕庆介绍道，队伍成立后，团市委、市青志协（市义工联）多次组织带队到香港、澳门等地学习，开展了队伍建设、专业技术等培训。

2019年，温镕庆与队员正在参与应急救援技能理论培训（居中）

总队备勤部拥有人群管理、应急通信、应急运输、山地搜救、水上搜救、医疗辅助六大功能团队。人群管理团队主要负责配合大型赛事活动。医疗辅助团队则学习应急包扎、创伤救护等技能。山地搜救的成员最开始只擅长攀岩，后期邀请相关导师培训，逐渐学会了山野生存、在山林里意外受伤的急救处理、搭建绳索与滑轮进行转移等技能。而水上搜救团队已配备三条橡皮艇，在水灾、城市内涝时可以及时出动转移群众。应急通信团队基于无线电通信应用，学习地理、通信码、摩斯密码、频道设置等知识，在没有信号或信号微弱的山区搭建通信设备，便于指挥部和救援人员联系。汶川地震时"惊天一跃"的15名空降兵勇士正是因为位于震中的汶川、茂县等地区通信和交通中断，从而携带通信、引导、侦察等装备在艰险环境中从 5 000 米高空跳伞。应急运输则主要是交给有越野车的队员，开车通过一些普通车辆过不了的路段，把物资运输到指定地点。六大功能团队的整合，推动应急总队逐渐成为一支综合性救援队伍。

队伍坚持科学化、系统化管理。在团队管理者们的齐心协力下，总队依托社会机构，建立起全面的培训学习体系，打造室内户外训练基地，加强队员户外求生技能，开展实战演练等，并与多地灾害救援队伍交流，不断积累灾害救援和团队管理经验。十多年来，通过不断学习、尝试，积累经验，应急总队逐步朝着专业化的方向发展。

献我所能，守护一方平安

集队时排成笔直一列，清一色的橙色队服，喊口号、碎步对齐时掷地有声，不知道的市民还以为这是纪律部队。橙色身影背后印着"ZSEVS"，是"中山市应急志愿服务总队"的英文缩写。这支队伍每次"出镜"，不是在大型活动，就是在紧急场所，每次都精神抖擞，表情严肃，给人酷酷的感觉。没有亲眼看过他们工作，不会知道他们对志愿服务有多敬业。

2016 年 11 月 27 日，中山国际马拉松赛事隆重举行。当天凌晨 4 点，101 名应急队员已来到总队总部集结待命。

赛事现场，"橙衣人"格外忙碌。"有'半马'的选手在博爱七路的第二折返点跑过了，跑到'全马'的赛道上，请安排前方的志愿者指路，让他折返。""有选手遗失了一部手机，被志愿者带到指挥部，马上通知'半马'终点的志愿者留意该号码。""橙衣人"这头刚放下对讲机，那头又拿起电话沟通。只见应急总队指挥部和现场配合无间，队员们听到指令就立即行动，有条不紊。尽管突发事件接二连三——有选手体力不支，需要医疗支持；孩子走失，家长焦急寻人；终点区广告牌被意外吹倒……但训练有素的队员们总能马上给出解决方案，为赛事护航。

"部分选手无法准确评估这项运动给身体带来的压力,可能会出现心源性猝死、热射病等情况,我们赶紧使用AED自动体外除颤器做心肺复苏,或者协助体温调节。有些意外损伤如崴脚、擦伤,也需要及时处理。"温镕庆认为,保障群众的安全和健康是他们在赛会中最重要的任务。队伍早已建立起一套高效的联络机制,争取以最快的速度到达现场处理问题。

配合公安等部门在大型赛会与活动期间开展人群管控和医疗辅助,是应急总队出动频率最高的项目。队伍连续多年应邀服务中山市慈善万人行、中山马拉松、西区汽车博览会、新春花灯会等活动,积累了丰富的经验,在各活动主办方那里有口皆碑。

2017年,应急总队队员为中山马拉松赛事架设通信基站

2020年年初,一场没有预演的疫情迅猛扑来,白衣天使是人们最常见到的疫情防控"前哨兵"。而在中山各个高速路口、社区、集中核酸检测点等场地,人们却常常能在白色之外看到一抹亮丽的橙色,那是应急总队队员主动担当、挺身而出,投身疫情防控第一线,积极参与道路检疫服务、社区服务、后勤保障服务等各项志愿服务。

当时,温镕庆得知中山多个高速路口防控压力很大,缺少人手,他立刻与当地团委联系,了解需求,召集志愿者到高速路口协助进出人员登记、测温、劝返等工作。"我们并没有强制大家参与,而是自愿报名,因为这个疫情刚发生,队员们也要顾虑自己的人身安全和家庭。"温镕庆解释

守护的青春——记应急救援青年志愿者

道。没想到，竟然有七八十人报名，可以说是能上的队员都上了。防控期间，队员们是"三班倒"，每天的服务时长都超过 7 小时；一些路程较远的高速路口甚至是"两班倒"，每天服务将近 12 小时。梁金全是队里的一位资深应急志愿者。疫情来袭，他果断放弃安全舒适的居家生活，肩负起横栏高速路口防疫的重担，每天坚持到岗服务 10 多个小时，连续 20 天。他为了不影响家人，连最疼爱的孙子也相隔 20 多天不亲近。吴文浩是一位退伍军人。疫情期间，他坚守工作岗位，但一下班就赶往防疫岗位，主动承担应急总队在中山高速路口的防疫志愿服务，20 天内服务时长达到 140 小时。他还打趣说："戴着口罩在一起这么多天，队员们熟悉而又陌生。"

温镕庆在感动的同时，尽全力保障队员们的安全。队伍每次服务前后都会经过消毒喷雾池，常常全身喷酒精，容易接触的部位用酒精反复擦拭，当时防护服等物资非常紧缺，他们就用一次性水衣、护目镜、手套和口罩组成有隔离效果的简易防护服。

2020 年 1 至 3 月疫情防控期间，应急总队共出动 772 人次，累计志愿服务时数超过 3300 小时。直到现在，应急总队为社区、街道、学校进行义务消杀，参与核酸检测、疫苗接种等志愿服务已是家常便饭。"很庆幸，我们服务的过程当中没有队员发生感染，大家都想着多做贡献，全力配合疫情防控工作的开展。"温镕庆感慨道。

2020 年，应急总队队员在高速路口开展防疫志愿服务

2022年中山"学雷锋月"活动在中山市文化艺术中心广场启动，当日15位应急总队队员来到广场，像往常一样，担负着维护现场秩序和随时开展紧急救援的任务。这已经是他们开展的众多志愿服务中最常见的活动类型了。

应急总队自成立以来，开展活动上千场次，出动队员近2万人次，总服务时数超过82700小时。"献我所能，服务应急"的口号从来不是一句空话，队员们以青春之力，守护平安中山。

温暖橙衣，冲在救援一线

2021年8月，一则题为《驴友登山遇险，多部门携手救援》的新闻在微信朋友圈不断被转发。市民通过这次事件，再次看到了应急总队这群"橙衣人"的专业和奉献。

原来，8月8日上午，中山一名"驴友"在五桂山辖区登山时不慎发生意外，导致大腿骨折无法自行下山，被困野外。当地公安、消防、卫健部门接报后赶到到场，但因地势险要、下山路面偏窄，加上雨天路滑，救援难度极大。傍晚6时，五桂山公安分局与市应急志愿服务总队联系请求支援。收到支援求助后，应急总队立即响应参与了救援。

"我们与公安系统本身建有信息互联机制，接到他们电话后，便当即派了一个梯队前往支援。"谈到这件有惊无险的五桂山救援事件，温镕庆印象深刻，"伤者被困在离路面垂直距离约600米的山沟里，救援队员从桂南大道的路面需要行走约半小时才能到达。当地地形连两个人并排走都困难，要将体重加装备重达100多千克的伤者运出山坳更是难上加难。"

当时，医护人员已第一时间替伤者简单处理伤口并将他安置在担架上，公安、消防等救援力量也在现场救援了多时。应急总队第一梯队到达现场时，伤者已被困近10小时，体力流失严重。应急总队准备了滑轮、绳索等设备，然而，受现场地理条件影响，救援设备无法派上用场。

守护的青春——记应急救援青年志愿者

为防止对伤者造成二次伤害，应急总队和公安、消防部门只能采取人力传递的方式缓慢转移伤者。

崎岖的山路、雨天湿滑的泥土路面，一不小心滑倒就有可能摔下山坡，更会牵连担架上的伤者和在场的队友。队员们小心翼翼，一步一步踏到实处，才敢往山下走。即使几近虚脱，队员们的手也紧紧握着担架杆，没有一丝的放松。天色渐晚，山上的气温越来越低。

从傍晚6时收到协助需求，到第二天凌晨1点，应急总队先后派出13名队员，分3个梯队上山支援。其中担任梯队现场指挥的黄日文、冯建光及冯建明等三人带领队员们连续作战超过5个小时，艰难地完成了这一次爱心接力。这时疲惫的队员们才发现他们身上厚厚的作训裤都有不同程度的磨损。

2021年8月，应急总队正在救援五桂山失足"驴友"

除了山野搜救，灾害天气救援行动也是应急总队的常规服务。

"求助！坦洲一个村庄出现海水倒灌，有村民遇险，情况紧急！"台风"天鸽"登陆期间，应急总队在备勤期间接到求助电话，立刻集合，紧急出发。

当时是早上6点钟左右，应急总队分批出动三支共30多人的队伍和3只橡皮艇，以最快的速度赶往救援现场。到达现场后，队员们马不停蹄开始转运群众，用橡皮艇把群众送往地势高的安全地方。就这样来来回回运人和搬东西，他们从早上一直忙到晚上八九点，所有人累得筋疲力尽，"但看到群众安全转移，也就放心了，我们累并快乐着"。与此同时，还有一部分队员们在清理倒树，疏通道路。他们用电锯把大的枝干锯开，与较小的树枝一起分批移走，清理路上的障碍物，保持道路通畅。

2017年"天鸽"台风过后，应急总队出动清理道路上的倒树

"两艘冲锋舟放在总部楼下。""收到收到。"——队员们的对讲机不时发出"哔哔"声。为做好2018年第22号台风"山竹"的应对工作，协助政府相关职能部门有序参与救灾、应急救援工作，中山市应急志愿服务总队9月15日晚上8点就在总队总部开始启动备勤。备勤分三个班次，从15日晚8点开始，直至17日晚8点结束，应急总队安排队员近50人次。队员们驻守总部，随时待命，协助有关部门救援受灾群众。

2021年10月，受台风"狮子山"持续强降雨影响，三乡镇多处低洼地积水严重，车辆被淹、人员被困。为保护人民生命安全，应急总队快速响应，前往支援，共转移群众100多人。

"我们会根据台风预警信号的变化调整备勤机制。"温镕庆介绍道，例如收到台风黄色预警时，会要求队员保持电话畅通，做好准备，随时

守护的青春——记应急救援青年志愿者

2021年台风"狮子山"来袭，应急总队在三乡开展水上救援

可以联系；如果预警信号继续升级，就会组织队员到总部集体备勤，准备物资、调试设备，时刻准备出发。

风雨中，一抹抹温暖的橙色十分显眼。树倒了、房屋塌了，他们去清理；群众被困，他们去救援；物资缺乏，他们去运送。哪里有危情，哪里就有他们的身影。

队伍管理，百炼锻造成钢

近年来，应急总队多次承担应急救援和防灾减灾、应急自护知识宣传教育、大型赛会和活动人群管控、医疗辅助、应急通信辅助等众多的专业志愿服务，助力建设平安中山。温镕庆十分重视队伍管理与队员培养，"作为应急总队队员，不能只凭一腔热情，还需要专业的技巧，因为稍有不慎，就会发生意外"。

应急总队有将近200名队员，他们来自各行各业，有的是退役军人，有的是企事业单位的管理人员，有的是医生护士……但一旦穿上志愿者队服，他们都能以一名志愿者的身份要求自己，服从安排，尽自己的最大努力服务社会。总队会为每个已入队的队员提供装备资源和应急培训，提供学习和服务的平台，帮助他们在掌握应急知识的同时，获得个人发展与提升。队员们也有自己工作、家庭和生活的压力，当这些压力与救援任务产生冲突时，志愿服务怎么开展？温镕庆为此设置好了协调办法——ABC角色管理法。同一个岗位，有A、B、C三个队员可以进行角色替换，因此队员可以优先考虑自身情况，从人员协调上避免了角色冲突。用温镕庆的话来说，"难道让队员丢了'饭碗'来做志愿服务吗？不可能的，我们队伍都会为他们考虑好"。

2019年，应急总队在大尖山重阳节服务现场

由于队员成家立业、照顾孩子、不再居住在中山等情况，应急总队每年都会有队员流失，需要招募人员补充。即便如此，队伍也并不会大量扩充人员。"培养一个应急队员要花很多的物力、财力，所以我们需要适当控制队伍人数。现在的招募可能会比较有倾向性，更希望医生、护士、退伍军人以及有相关专业能力的青年加入进来。"温镕庆解释道。一支队伍的发展，离不开人、财、物的投入。比如，一艘救援艇动辄上万元；AED自动体外除颤器两万多元一台，买了之后得学会用，两三千元一台的训练机也得买回来。"我们省吃俭用买回来，虽然很昂贵，但队员的应急救援技能得到了大幅提升，还是很值得的。"温镕庆笑着说。

应急总队每一次招新的流程都十分严谨，必须经过培训、体能测试、面试等环节才可以正式成为总队队员。首先需要学习应急总队开设的应急知识公开课，课程中会讲解无线电通信、心肺复苏、急救包扎等基础知识。学习完公开课还有意愿加入队伍的小伙伴，才可以填写申请表，参加考核。考核通过后也只是准成员，还不是正式队员，必须积极参加队伍服务，定期参与相关学习和训练，一年后才能转正。

应急总队非常强调专业性，队伍里持有国家紧急救援员资格证、美国心脏协会（AHA）颁发的急救证等证书的队员比例超过三分之一。每一个证件背后，都是日积月累的学习，保护自己也帮助别人。"户外运动毕竟有风险，所以我们必须培养自救和救人的能力。我也逐渐发现救援无小事，必须拥有专业技能，才能更好地保护自己，帮助别人。"

2021年，应急总队开展水上搜救训练

救援专业素养体现在哪里？每次服务前，队伍都会进行综合评估，设置相应的安全保障岗位。例如清理倒树，他们会在作业地方不远处设置一名安全员，一旦在清理过程中发生危险，安全员马上吹响哨子，所有队员需往安全员方向集中，这样才能确保志愿服务中志愿者的人身安全。再比如水灾发生时，派出一艘橡皮艇救援，一定要配备另一艘橡皮艇在旁机动援助，绝不允许单独出任务，以防止突发意外来临时队员手足无措。在不了解地形等情况的区域救援时，队伍会派出无人机观测，根据情况不断调整施救计划。

温镕庆在提及一次台风抢救任务时说，有一位队员在台风暴雨天转移被困群众时，为了在转移时救下更多的人，把自己的救生衣脱下给了群众。尽管他们十分感动，但还是在复盘时对这名队员提出批评，提醒他开展志愿辅助救援工作一定要先确保自身安全。"救生衣不够，可以及时运输更多的救生衣过来。但如果自己都处于一种不安全的状态，怎么去救其他人，一命换一命吗？！"想要多救一位群众的善心难能可贵，但出于专业角度考虑，这种行为是绝不允许发生的。只有不断学习，不断复盘，不断成长，才能在一次次作战中不留遗憾，让青春无悔。

不遗余力，传播应急知识

如果说救援是"治病"，那么宣传应急知识就是"预防"。应急总队始终认为，教会大家在灾害来临时做出有效远离险情和正确应对险情的行动方法是十分重要的。

"中山没有突发恶劣天气的时候，日常我们除了发挥队伍特色，开展危房排查外，也会开设大大小小的救援培训班。"多年来，中山市应急总队尝试了多种形式的授课方式。例如与香港民安队合作开展"专业救援技能培训班"；依托东区青年社区学院合作共建应急志愿服务培训基地；打造户外训练基地，增设攀岩墙、体能训练等设施，增加青年人户外求生技能，并与多地灾害救援队伍交流，积累灾害救援和团队发展经验，旨在提升中山人整体抗灾应急能力。

为了不断提升广大市民抗灾应急能力，近年来，应急总队逐步拓展服务领域，深入社区、学校、企业等开展防灾减灾教育和应急自护培训。2018年，总队推出"平安使者——应急自护及防灾减灾演练进校园"项目，通过宣讲培训，增强群众应急自护能力，把更多的安全理念、应急自护技能、防灾减灾知识传授给广大市民群众。截至2021年，已开展了超过50场平安使者应急自护课程，超过4000名学员参与。"平安使者"

守护的青春——记应急救援青年志愿者

项目获得了由共青团中央、中央文明办联合颁发的第五届中国青年志愿服务项目大赛铜奖。

2021年，应急总队队员在"五进"训练营现场讲授

遇到火灾怎样灭火，怎么逃离现场？受伤时应该怎样保护自己或救助他人？应急总队非常重视基础应急知识的普及，乐于解答群众的问题。2021年10月的一场"平安使者——应急自护及防灾减灾'五进'宣传活动"中，来自中山市应急志愿服务总队的讲师团为学员讲授应急医疗基础知识，通过理论小课堂和应急装备实操等形式，详细讲解常见的急救类型、急救原则、急救基本程序，借助多种方式让学员们学习常见的意外伤害应对方法。学员们在导师及应急志愿者的指导下，现场练习止血包扎方法、CPR心肺复苏术与AED除颤仪的使用。同时，课程还现场开展了消防专题培训。

后来，项目从"五进"逐渐发展到"七进"，即进企业、进校园、进机关、进社区、进农村、进家庭、进公共场所。应急知识普及面的拓展，意味着应急总队需要投入更多的资源，但也有了更宽广的服务平台。未来，他们将更加注重应急救援知识推广方面的志愿服务，结合不同群体的实际需求，切实提升广大市民群众的应急避险意识和自护自救技能。

2016年，温镕庆成为一名扶贫干部，"第一次拜访贫困户侯某某的情

青春无悔应急人——中山市应急志愿服务总队总队长温镕庆与"橙衣人"的故事

2022年，应急总队开展"应急知识宣传入社区"活动

景是令我难以忘怀的。他们家的房子用黄泥砖盖成，风雨随时都能通过缝隙钻进屋内。孩子们常常用白粥和榨菜充饥，鸡蛋、肉食等几乎不出现在餐桌上"。三年多里，温镕庆不断对接志愿服务资源关爱帮助山区群众，助力乡村振兴，获"广东省向上向善好青年""广东省2016—2018年脱贫攻坚突出贡献个人"等荣誉称号。

应急总队曾荣获第六届"广东志愿服务金银铜奖"集体金奖、第十二届中国青年志愿者优秀组织奖、2021年度广东省学雷锋志愿服务典型最佳志愿者组织奖、广东"优秀战疫志愿服务典型"等。温镕庆说："荣誉属于团队，荣誉激励我们进步。"他对未来的应急救援志愿服务有着许多期待，希望能与全省乃至全国各地的救援队伍有交流的平台和机会，能够加强服务规范，统筹资源，打破一些技术壁垒。他希望应急救援领域能有更多的正规考核、评级及证书发放机制，让队伍和个人都能够逐步提升，在开展服务的时候持证上岗，保证专业能力过关。

从一线冲锋到授人以渔，应急总队将一如既往地坚持"献我所能，服务应急"的初心。这群可爱的"橙衣人"为平安中山的建设和广大市民群众的福祉而不懈努力，让青春在志愿服务中成长、绽放！

应急疗心，守护"心灵防线"
——广州医科大学附属脑科医院心身医学科医生张杰[①]的故事

"倾听、共情和理解"，这六个字是广州医科大学附属脑科医院心身医学科医生张杰进行心理干预的"六字秘诀"。"六字秘诀"看似朴实无华，对心不对人，与直接作用于人生理健康的口罩、疫苗、防护服相比，谁也不会把这些词和抗击新冠疫情放到一起。那它们果真派不上用场吗？事实上，恰恰就是容易被人们忽视、不太重视的心理健康与人的整体健康有着至关重要的联系。"六字秘诀"在张杰的灵活运用下，通过心理干预舒展了许多受疫情煎熬而焦躁的心灵，安顿了许多因疫情而抑郁的精神，抚慰了许多因疫情而彷徨的人们。

2020年初，突如其来的疫情，拉开了人与人之间的物理距离，但却扯不远共同生活在这片土地上的人们之间的心理距离。惊闻疫情在自己的第二故乡武汉发生之时，张杰就像无数善良而淳朴的人民一样忧心忡忡、心急火燎。他渴望用自己的心理学专长，为这座受伤的城市减去一分痛楚，带来一分安宁。后来，他加入了广东省第24批援鄂医疗队，在武汉抗疫一线做出了重要贡献。回到广州后，他又带队前往支援广州防疫"桥头堡"——广州市第八人民医院，用一技专长助力打赢广州疫情防控阻击战。援鄂护粤，张杰秉持"六字秘诀"，运用多种手段对受疫情

---

① 张杰，广州医科大学附属脑科医院心身医学科副主任、主任医师、教授、硕士生导师，擅长青少年抑郁障碍、焦虑障碍、双相情感障碍等疾病的早期识别及全病程综合干预。疫情期间作为精神心理专家长时间支援数家定点医院医疗救治，其本人及团队多次受邀到机关企事业单位及大中专院校开展精神心理健康科普讲座，并进行心理健康评估及危机干预。曾荣获第6届"羊城好医生"。

应急疗心，守护"心灵防线"——广州医科大学附属脑科医院心身医学科医生张杰的故事

影响的人们进行积极的心理干预，倾心交流，细心照料——用真心无距，驱散绝望恐惧，用生的希望，点燃生命长灯。

不是逆行，而是归家，战斗在那片故地

"80后"的张杰，是湖北十堰人，大学五年就读于武汉的华科同济医学院，毕业实习的医院是武汉协和医院（华中科技大学同济医学院附属协和医院）。他的母亲和两个姐姐都生活在湖北，昔日的大学同窗也多在武汉的医院工作。湖北武汉对于他而言，是第二故乡，具有特殊的意义。正是这些千丝万缕的联系，让他作为援鄂医疗队成员再次踏上这片熟悉的土地时，感到的不全是悲壮感，还有温馨。他知道，自己这次的武汉之行，一定要为这座城市做点什么，让她再变回那可供思念停靠的温馨母港，让人们回家，让心灵回家。

一碗香喷喷的热干面、一朵珞珈山下的樱花……张杰的思绪在电视播报有关武汉市新冠肺炎疫情的新闻中飘飞，脑海中对武汉这座城市的回忆，仿佛又把他带回到那段在武汉生活的惬意时光。"不行，我要去。我的专长是可以派上用场的。"张杰对着电视的一声嘟囔，让在旁的妻子和两个年幼的女儿听见了。妻子咧开嘴笑了笑，"你还是像当年的热血青年一样"。听到这一番风趣的调侃，大家都笑了起来。这一幕发生在2020年1月的一个冬夜。

也许是出于救死扶伤的职业本能，又或许是因为根植于心的英雄气概，在医院还没发出援鄂召集令之前，张杰就一直盼望着能冲到武汉抗疫一线，用自己的专长为这座受伤的城市做一些力所能及的事。

此次疫情不仅对人们的生命安全、身体健康构成了威胁，同时也影响了人们的心理健康、精神状态。疫情发生以来，党和国家高度重视人民群众的心理健康状况，多次强调要加强心理干预和疏导，有针对性地做好人文关怀。国家卫健委迅速将心理危机干预纳入疫情防控整体部署，同时要求各地组织以精神科医生为主的心理救援医疗队，助力打赢两场

守护的青春——记应急救援青年志愿者

战斗：与新冠病毒斗争的"病毒防疫战"以及与不良心理和情绪斗争的"心理防疫战"。

2020年2月13日，广州医科大学附属脑科医院收到了广州市卫生健康委员会医政医管处《关于做好抽组人员援助抗击新型冠状病毒肺炎疫情一线准备工作的通知》。念念不忘，必有回响，机会终于来了。没有丝毫犹豫，张杰随即报名加入了支援武汉新冠疫情医疗队，成为广东省第24批援鄂医疗队（国家心理救援队）成员。紧急安排好家中事务后，他便义无反顾地跟随医院抗疫大部队去到了武汉。

"有你去，我放心。"在急诊一线战斗的护士长妻子一边抱着快3岁的小女儿，一边牵着大女儿的手，前来为张杰送行。在快3岁的小女儿的认知里，爸爸是去"打仗"了。在7岁的大女儿的心里，爸爸在疫情这么严重的时候去"冲锋陷阵"，简直是超级英雄。大女儿给父亲精心准备了一份贴有她最喜欢的动漫人物贴纸的礼物。"有你在，我放心。"看到此情此景，张杰的眼中缀着泪花，笑着抱起小女儿，和家人亲密地拥抱在一起。2020年2月24日，一辆车身贴着"广医附属脑科医院驰援湖北抗击新冠肺炎医疗队"字样的大巴从广医附属脑科医院满载着温暖与关怀，缓缓开出。在出征的前一天，23日的晚上，张杰在微信朋友圈发了一条消息："我不是逆行，而是归家。回到读书的地方，和老师、同学们一起战斗！"

舟车劳顿，还没来得及脱下口罩好好呼吸故地的空气，张杰已经敏

张杰在2020年2月23日出征援鄂前一晚发的朋友圈

应急疗心，守护"心灵防线"——广州医科大学附属脑科医院心身医学科医生张杰的故事

锐地觉察到了即将要迎接的风暴。面对繁重的工作安排，张杰不曾多言，微微笑了一下，迅速投入到医疗工作中去了。

不是那样，而是这样，"六字秘诀"显神功

"那个时候我们都没经验，这么大一支心理干预队伍去了以后具体做些什么，能不能在保护好自己的同时去帮助其他人，大家一开始心里都没底。"张杰坦言自己是有一定压力的。但各种负面情绪可不会管你有底没底，时刻在侵蚀着人们的心理底线。一想到这点，张杰也就没再多想了，大家喜笑颜开是他最厚实的底气。这股底气支撑着他积极进行医疗心理干预，支撑着他在武汉的日日夜夜。

这支满载着"广东温度"的心理医疗队的驻扎地是武汉协和医院的肿瘤中心，是张杰毕业实习医院的分院区，也是武汉市抗击疫情的"前哨站"。经过改造后，这里收治着成百上千名感染新冠肺炎的患者，危重症患者占一大半，其中一部分患者原本就罹患了肿瘤疾病。"很多肿瘤患者经过长期放疗、化疗，经过长期的手术，心理已经很脆弱。他要再得新冠肺炎的话，其实是双重打击。"恐慌、焦虑的情绪在患者间滋生蔓延，这是一场不得不打的硬仗，张杰想起了老师曾经的教诲，想到了自己扎实的心理医学知识。只要两颗心没有距离，亲密无间，彼此信任，病毒又有何可惧怕的呢？只要十四亿颗心没有距离，举国同心，众志成城，疫情又有何可惧怕的呢？

刚到岗位，张杰便马上深入病房一线，对住院患者开展联络会诊和心理查房的工作。刚接手要进行心理危机干预的第一位患者是患有白血病又感染了新冠肺炎的 23 岁男性患者，因不明原因出现了烦躁情绪，在病房内发脾气，不吃不喝，不积极配合治疗，打、砸、扔东西，可能有一定的精神疾病倾向，且病情有恶化的态势，急需干预。联络会诊正在积极地展开，讨论室里来自不同学科的领头人和专家医生正讨论着这一案例的解决办法。所谓的联络会诊，即多个学科的专家在一起讨论患者

175

守护的青春——记应急救援青年志愿者

的救治方案。经过讨论，专家们认为不宜过早气馁，要对其进行心理干预，查明原因，视情况再决定进一步的治疗方案。重任落在了拥有丰富心理危机干预经验的张杰身上。

在隔离酒店对患者进行心理干预的张杰

"烦躁情绪有多种多样的表现形式，但他偏偏是比较恐怖的一种。他在病房里不愿意戴口罩，医护人员给他喂饭或派药的时候，他就用力地咳嗽和抖被子，还摔东西。面对这样一个患者，职业暴露的风险是有的，当时大家都挺害怕的。"张杰的内心很忐忑，甚至在第一次进病房的门前，脑海中还闪过无数的念头——"他会不会也对我抖动被子，向我摔砸东西，让我有职业暴露的风险呢？"张杰在房门前顿了一下，身后跟随的护士似乎吞咽了一下口水，大家都很紧张。但与时间在赛跑的他们，不能再迟疑了，早日查明原因，对患者进行治疗，才能让生命得以延续。他清了清嗓子，温和地敲了敲门，叫了一声："你在吗？我们进来一下可以吗？"一声，两声，门后仍然没有反应，每个人的头上都挂着晶莹的汗珠。张杰等了一下，把手搭在门把上，"那我们进来了"。门一旋开，迎

应急疗心，守护"心灵防线"——广州医科大学附属脑科医院心身医学科医生张杰的故事

接他们的是从床上直射来的愤怒目光。

"你们进来干吗？让我一个人静一静，我什么都不想跟你们说。"这名23岁的小伙子气势汹汹逼人，情绪溢出病房，末了还故意咳嗽两声。护士显然没见过这阵势，脚不由自主地想往后退。张杰深知此时是获取信任的最好时机，第一次做不好，就再没有好机会了。他用眼神向护士示意放轻松，一切跟着他。

其实张杰才是最不轻松的那一个。"他那番话确实有可能是他需要一些时间静静地待一下。但是，也有可能是他在试探我们。"张杰头脑飞转。短暂地思考后，张杰决定用最简单的方法，"六字秘诀"的前两字——静静地在旁倾听。张杰领着护士在离患者的床头1.5米左右远的地方站着，承受着患者的情绪宣泄和故意咳嗽。

"如果你很紧张，向后退了；或者有一些遮挡的动作，患者是能察觉到的，他会觉得你在嫌弃他。"好在任何情绪都有一个峰值，一段说长不长、说短不短的时间后，患者终于停止宣泄情绪，冷静下来了。张杰开始慢慢地与他沟通。"我们是广东来的医生。为什么我会来这里呢？因为我是在湖北武汉接受的医学教育，就是在同济医院接受的，这个肿瘤中心是我们学校的附属医院，我对这里很有感情。看到大家现在这样，我心里很难受。"张杰娓娓而谈，抛出自己的信息以换取更深入的交流，激发患者心灵的共鸣，这便是"六字秘诀"的第二式——共情。"我看到你这个样子更难受，23岁该是一个怎样的花样年华啊。"患者没有说话，张杰放慢了语速。"我听这位护士说，你这几天都没怎么吃饭呢。你白血病都熬下来这么久了，真的很不容易。不吃饭的话，你的抵抗力会变差，身体健康会受到很大的影响。是什么原因不吃饭呢？"张杰用柔和的目光投向患者，患者仍然不说话。"这里的住院感受怎么样呢？"张杰又用温柔的语气抛出了一个问题。因为患者先前的烦躁表现，不配合治疗、摔砸床头柜等，病房里的另外一位病友已被吓到转出病房。偌大的病房空荡荡的，只剩患者一人，人人都知道这种感觉不好受。"你一个人住在这里害怕吗？"张杰再问，患者仍旧不作声。

在长达半个多小时的单向无反馈交流后，张杰使出了"六字秘诀"的最后一式——理解。他换位思考，尝试理解患者到底遇到了什么困难。

177

"作为一个从事心理医学的医生，我可以通过一个人的言行举止来分析判断人的情绪。我觉得你在这里过得很辛苦，并不开心，遇到了什么困难，跟我讲，讲出来看看我能不能帮你。"张杰原本还抱着这种交谈可能还要持续很久的想法。"我想我的家人了。"谁知，患者开口了！张杰抑制住内心的欢喜，静静地倾听患者的诉求。"我入院的时候比较匆忙，什么都没有带进来，特别是手机。我想我的家人了。"患者的声调再次提高。

因为当时规定私人手机不能带入病房，张杰立马让护士把病房里的工作手机借过来，让患者通过免提和家人联系。"在住院的这些天里，家人不知道他在哪，而他也担心自己的家人有没有被感染。甚至可以这么说：不知生死，杳无音讯。"电话拨通了，一声"儿子"响彻病房，患者失声痛哭起来。见状，张杰留下了一句"你就静静地和他们谈一谈，我们先出去回避一下"，便带着护士在外面站了十几分钟。直到听见里面没声音了，张杰和护士才进去。"他和家人的沟通很正常，丝毫没有精神疾病的倾向。对于我而言，我看见他一掉眼泪，我就知道，这次的干预达到了预期的效果。因为他的心理防线不像之前那样紧绷了。"张杰说。

"刚刚在外面听到你的家人很关心和担心你，也看得出你是一个很孝顺、很懂事的孩子。家人在家里面都很健康，现在你要做的是好好地配合治疗，早日归家。在这么好的一间医院里，有全国各地优秀的医生陆续来支援，而且所有的治疗都是免费的，你大可以把自己的健康交给我们。"患者激动地点了点头。"所以，能给我讲讲，这几天为什么不吃饭吗？"张杰想到马斯洛的"需求金字塔"，吃喝拉撒是最基本的生存需求，连这点都做不到，怎么谈后续的治疗呢？

"医生，我口腔痛，痛到吃不下饭。"患者像是用尽全身力气挤出了这句话。"张开嘴巴，我们来看看。"张杰温柔地引导患者。由于还有一定的距离，张杰需要靠前一点才能知道患者的口腔发生了什么，身后的护士轻轻扯了一下张杰的防护服。1米！60厘米！40厘米……张杰越来越接近患者，也越来越接近事情的真相，越来越接近患者的心。"原来是口腔溃疡，我会跟护士反映情况，调整伙食，请你放心。"张杰拍着胸脯说，患者露出了欣慰的笑容。"能再说说你为什么要抖动被子吗？"张杰接着问。患者此时已完全敞开心扉，用手指着被子遮盖下的身体，"是皮

应急疗心，守护"心灵防线"——广州医科大学附属脑科医院心身医学科医生张杰的故事

肤过敏，很痒"。张杰让护士赶紧检查，发现原来患者是在使用抗真菌药的时候发生了皮肤过敏，全是皮疹。"晚上睡不着觉和口腔溃疡是不是和使用抗真菌药物有关呢？"张杰问。患者给出了肯定的回复。张杰意识到必须要与专家沟通协调，更换治疗该患者的方案了。但眼下，先让患者尽快感受温暖，有安全感是最为关键的。

在一番深入交流后，患者终于肯接受护士的护理了。张杰立马给护士使眼色，拿来专门止痒的炉甘石洗剂和一盒牛奶。在护士用炉甘石洗剂为患者涂抹皮肤的同时，张杰喂他喝牛奶。"你要好好地补充营养，才能更快恢复。"患者点点头表示同意。尽管对于口腔溃疡的他，连喝牛奶都是一件十分痛苦的事，但在张杰的鼓励下，他坚持喝了下去。

"有戏！"张杰和护士在这首次长达一个多小时只能站着进行的心

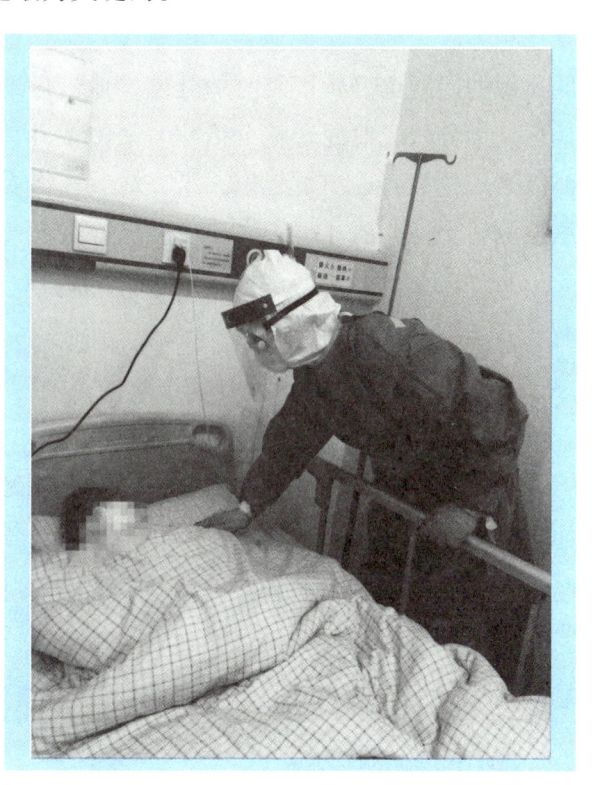

张杰在武汉协和肿瘤中心对患者进行心理干预

理干预后大大地松了口气，"他没有放弃生的希望，我们也不能放弃希望。"张杰鼓励负责照料该患者的护士们。张杰建议护士们进出该患者的房间时必须敲门，尊重他，让他有安全感；每次进去要先问他的口腔和皮肤情况怎么样，而不是用药情况。

第二天再去看他的时候，患者还是很想念家人。张杰有了第一次的经验，早早地将自己的手机带进去，让他和家人打了个视频电话，张杰和护士一直陪伴着他。一通电话后，他的脸上竟有了光彩。后来，负责

179

该患者的医生来了，张杰与他在患者床前积极谈论治疗方案，给患者治疗信心。"实际上，患者肯定会听我们的讨论，这是一个技巧，就是为了灌输给他一个治疗的信心。"张杰说。

在随后的几天里，张杰和患者的关系越来越熟络。张杰偶尔会带医疗队派发的物资和病房里没有的一些物品给他，让他觉得备受关心。后来还想办法让他家人把他的手机送了过来。由于各种需求获得满足，皮肤过敏的问题也得到了及时的处理，他慢慢地对所有的医护人员产生了信任，十分积极地配合整个治疗。又过了几天，他的脸色逐渐好转，红润起来了，笑容也多了起来。张杰最后一次看到他的时候，是他多次核酸检测转阴性要离开病房的时候。

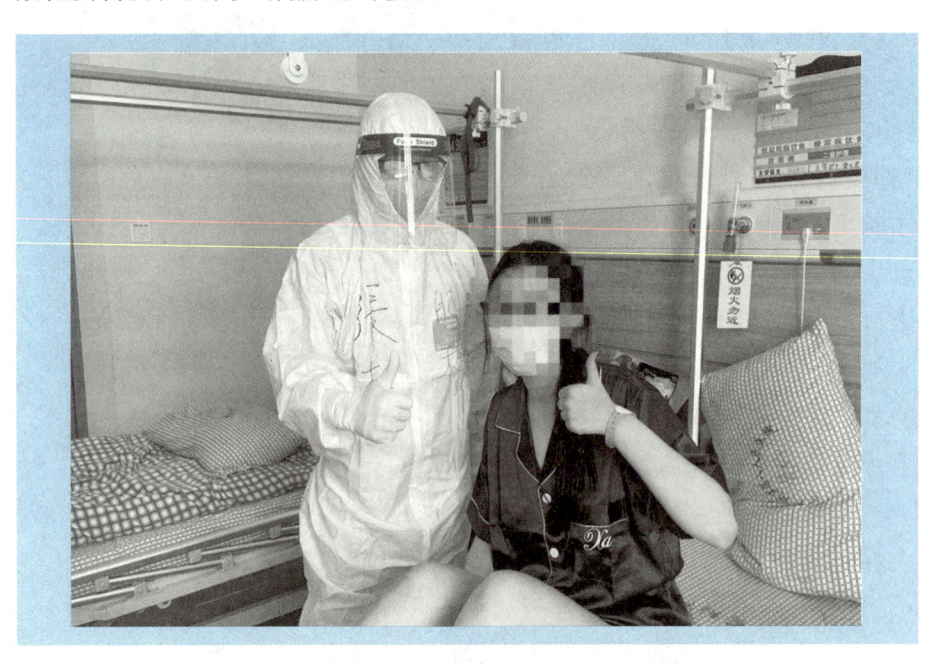

在广州市第八人民医院成功帮助患者出院的张杰与患者

"当时我跟他说，他的这一段经历是非常宝贵的财富，对他以后的白血病治疗也会提供一种力量。我可能还会有其他的工作，来看你的机会会变少，但是如果你有任何需求，尽管来找我。"患者非常高兴地点了点头，张杰和患者加上了微信。"那个时候很有仪式感。他在床上坐起来，和我握了握手。离开的时候，又从床上跳起来，把我送出去，再握了个

应急疗心，守护"心灵防线"——广州医科大学附属脑科医院心身医学科医生张杰的故事

手才离开。""那个时候，要是错误地判定他有精神疾病倾向，后果真的不堪设想。很多时候，问题很简单，但要真正发现问题挺难的。"在回忆完这件事后，张杰补充道。

还有一个让张杰印象深刻的受助对象，她是比张杰所在的队伍更早出发前往武汉某医院的某批广东援鄂医疗队的一名医护人员。"任务十分艰巨，她不得不连轴转，工作压力十分大。看到有些支援的同事不幸受感染，又看到有些患者永远地离开了，想到自己离家也很久了，于是出现了失眠的情况，并产生焦虑和恐惧情绪，甚至怀疑自己是不是也感染了。她知道自己每天要去上班，但上班的时候心特别慌，下班后休息时又很难平静，每天靠打电话给家里

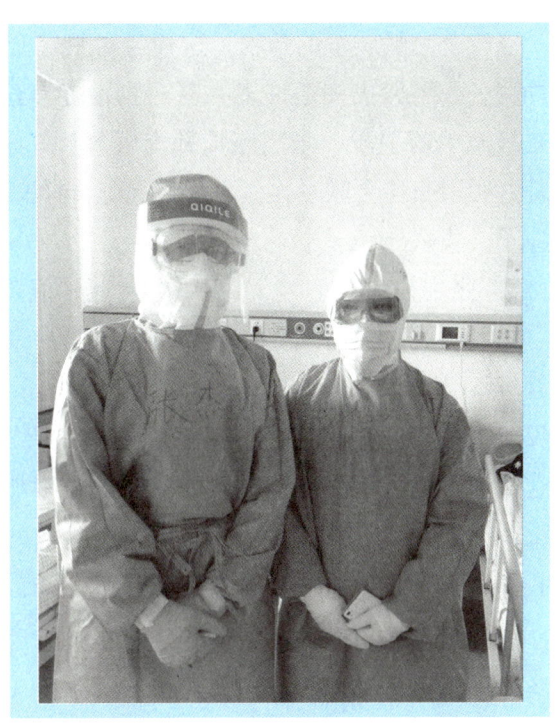

和护士成功帮助患者疏导心理的张杰（左一）

的孩子才能得到一些平静。后来我们通过系统和她联系上，由我对她进行心理干预。"张杰说。

"因为她是医务人员，是有基础的心理知识的，我对她的干预也一样，倾听、共情和理解。"张杰立刻通过电话联系，给她做了指导和健康教育。"我们心理医生都很会自我调整的，每天都有运动打卡，我也建议你每天都运动一下，在房间或在床上练练瑜伽，跳跳绳，这些对你睡眠的改善是有很大帮助的。"电话那头传来"嗯嗯"的声音。"你跟家人的沟通确实很重要，但是呢，也要适当控制下时间。你现在的状态不是很好，我很担心你。你每天和家人打电话都是讲差不多同样的话，你的神情、神态可能会通过视频传递给自己的孩子、家人，也会影响到他们。"

电话那头默然。"你看你睡眠不好，身体总是处于虚脱状态，万一哪天在高强度工作的时候，因为防护服密不透风的原因，在里面一身汗，虚脱出意外了怎么办？"轻轻的一声"啊"传入了张杰的耳中。"我建议你用一点改善睡眠质量的药物，这种药物很安全，并不需要长期服用。""这样啊……"张杰知道许多人对药物治疗有恐惧心理，但这种状态下吃药是最简单的手段，张杰连忙补充解释。"你第一天不用吃太多，先吃半片，明天我还会联系你，看你情况怎么样。"电话那边半推半就地终于答应了。

"张主任……"电话再一次响起，但声音已不像前日那般消沉了。"昨天睡得怎么样？有没有感觉好一点？"张杰马上接话。简单的两个问题可不简单，一是给予支持，二是隐含暗示。"嗯，睡得好一些了，头脑反应也灵活了些。"她像是恢复了往日的活力一般。"你看这个药物就是这么神奇吧。建议你这一段时间还是继续服用，同时多运动，把睡眠状况调回来。"张杰继续说。"好的，谢谢张主任！"在后续治疗中，她逐渐找回状态，并介绍了两位队员寻求张杰的帮助。

船的力量在帆上，人的力量在心上。通过他干预同行的这一经历，张杰也明白，很多人真的靠着一股劲在那个特殊的时期强撑下去，这股劲就是心力，就是信仰。

累计完成心理查房 328 人，联络会诊 59 人，筛查出 163 位患者存在较为突出的精神心理问题，进行心理治疗 236 次，指导 41 位患者使用精神科药物进行治疗，为 159 位医护人员提供心理疏导，培训医护人员 274 人——这是广东省第 24 批援鄂医疗队在武汉工作期间的成绩单。这份成绩单离不开和张杰一起用极致的耐心、敏锐的觉察和真正的温柔为患者排忧解难、纾困解惑的心身医学科的医生们。

护粤在一线，心理干预不能少

新冠肺炎传播速度快、范围广，广州亦不能幸免，很快，疫情波及了广州。2021年6月广州疫情变得紧张起来，刚从武汉回来没多久的张杰早就做好了迎战准备。当时院里领导还对张杰开玩笑说他是"年富力强"，要把他保护好。张杰可顾不得这么多，又义无反顾地响应广州市卫健委的号召，带队前往广州抗击疫情的"桥头堡"——广州市第八人民医院去打"心理防疫战"了。

在支援广州市第八人民医院时，张杰总共接治了过百人次的患者。其中一名患有精神疾病的男性患者让他印象深刻。"他有精神问题，住院治疗可能存在一些困难，一个人住在病房里，精神很容易波动不平。最主要是有妄想症状，他当时停药一段时间了，认为所有人都想加害于他，便发脾气，有暴力倾向，比当时援鄂时见到的那位患有白血病的小伙子还更激动一些，还把病房里的电视给砸了，甚至撕扯医务人员的防护服。"张杰回想起这名患者还有些后怕。

善良地倾听、共情和理解永远是解决问题的不二法门。"第一次接触他时，靠我一个人的力量不够，而是借助一群人的力量才把他约束下来，才能开展心理干预。"在张杰的不懈努力和真诚沟通下，这名患者变得没有那么激动了。在使用了精神药物后，患者心情平复并提出了愿望——解开约束带并允许他抽烟。根据防疫规定，医院是不允许抽烟的，避免空气污染，但他在空荡荡的病房里特别苦恼、特别烦躁，就想要一根烟解解闷。张杰权衡利弊后让他在厕所里抽，驻医院的国家联防联控工作组对这一做法给予了高度的肯定。"一个男人烦躁起来，有时候一根烟就能解决问题，为什么不能用一根烟去解决？"

二十来天的心理干预，张杰始终如一，用心地对待这名患者。"人是有感情的，他有精神疾病，不代表他智商有问题，他是能感受到我们无微不至的关怀的。"在中西医结合的疗法下，辅以精神药物，这名患者很快地康复了，并与张杰结下了很深的情谊。"他离开的时候，我们甚至还有依依不舍的感觉。"

因为张杰是广州市医科大学附属脑科医院心身医学科的主任医师，一声声亲切的"张主任"便成了他最主要的身份标识。但并不止于此，"志愿者"也是他的身份之一。"其实大家或多或少都知道自己心理有问题了要去找心理医生，但仍然会有一些人因为这样或那样的原因，羞于

守护的青春——记应急救援青年志愿者

在广州市第八人民医院与专家组合影的张杰（右八）

寻找心理医生的帮助，甚至心理问题对自己造成了极大的影响了还不去找医生帮助，所以我们有必要前往社区巡诊。"除了在病房工作，张杰还经常到社区一线进行志愿性巡诊，为社区居民排忧解难。他在巡诊的时候曾遇到一位无助的母亲，她家里的女儿年仅14岁，却频繁做出划伤手腕、割伤身体皮肤的行为。小姑娘情绪不稳定，抑郁，自闭，不喜与人交往，也抗拒上学，学业一落千丈。父母发现孩子的异常情绪及行为后，想了许多办法，孩子表现出反感、抵触，自伤频率越来越高。张杰在了解了这个孩子的成长背景及家庭教养方式后，找到小姑娘进行深入沟通，发现这个家庭存在较多问题：强势的母亲、懦弱的父亲，导致从小孩子就处在母亲的严格管控之下，家长甚至监视女儿的行踪、偷看女儿的聊天记录。孩子在学校的人际关系不佳，孤僻、少语。经过深入挖掘，张杰发现孩子有潜在的自杀倾向。张杰及时指出了这个家庭的问题，也耐心地劝说孩子前往医院就诊以获得更多更早的治疗。经张杰多次劝说后，孩子从一开始抗拒就诊，到最后终于同意前往医院寻求正规系统的治疗。

医生是主业，志愿者是"副业"。"我每个月都至少有一天到社区巡诊，这是一件非常有意义的事。"张杰用他的实际行动践行着志愿精神。

心是近的，遥远的路也会短

"在疫情时期，其实我们心理医生是受到比较大的挑战的。穿着严实的防护服，戴着厚密的防护口罩，说话都费劲，还要保持一定的物理距离，不大点声怕患者听不见。如何在温柔地对待患者的同时，不让自己的声音过大而破坏了情绪是一个问题。"张杰回想起自己援鄂护粤的心理干预经历，感慨地说道，"但是只要我真心、用心、倾心地与他们交流，两颗心灵互振共鸣，没有心理距离，又怕什么物理距离呢？"张杰如是说。张杰用实际行动生动地诠释了何谓"疫情有间，心灵无距"。

"相信阳光总在风雨后，砥砺前行，共同守护患者。我是党员，我在一线！我始终践行着当初的誓言——健康所系，性命相托，精心关爱每一位患者，再现生命的色彩！"未来，张杰仍会秉持"大医精诚"的精神，继续倾听、共情和理解，用心灵传递生命的温度和光华。

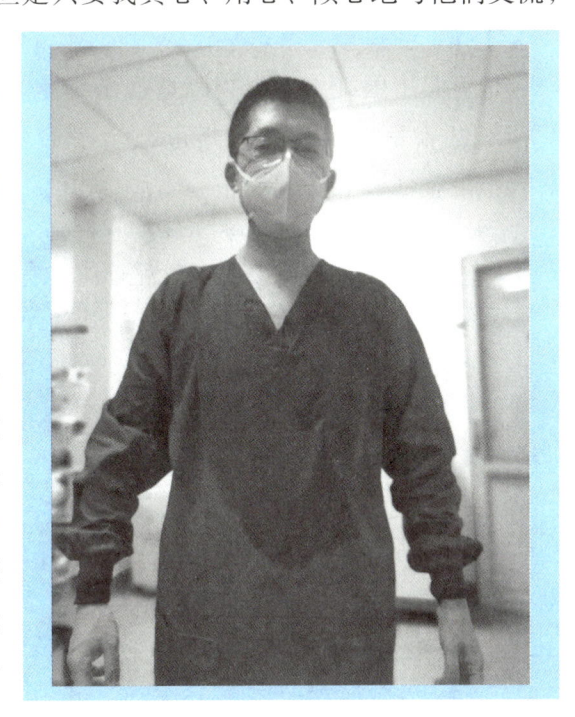

在广州市第八人民医院工作轮班时的张杰

让生命之焰接续燃烧
——广州市红十字会蓝焰应急辅助志愿服务队队长翁耀佳[①]的故事

每次侃完之后，对方往往会半信半疑地说："真是这样的吗？你怎么知道这些情况，你是红会的工作人员吗？"他便回答："不，我不在红十字会工作，我只是一个志愿者，红十字会的志愿者。"

他就是中国红十字会捐献造血干细胞志愿服务总队第三届总队长、广东省红十字会监事、广州市红十字会蓝焰应急辅助志愿服务队队长——翁耀佳。

2022年翁耀佳作为广州市红十字会蓝焰应急辅助志愿服务队队长接受采访

---

① 翁耀佳，广州市红十字会蓝焰应急辅助志愿服务队队长，志愿服务时数近2400小时，在2011年捐献造血干细胞挽救了一名生命垂危的白血病患者后，成了一名红十字志愿者，连年参与红十字会捐献造血干细胞、无偿献血及应急救护志愿服务一线，曾荣获中国红十字会"会员之星"、"广东好人"、"广州好人"等荣誉称号。

让生命之焰接续燃烧——广州市红十字会蓝焰应急辅助志愿服务队队长翁耀佳的故事

两次捐献，挽救一条生命

翁耀佳曾经是一名社工，平时偶尔参加青年志愿者协会组织的志愿服务，和红十字会并无任何联系。直到一次偶然的经历，让他从此与红十字会结下了不解之缘。

"2006年中华骨髓库广东分库成立，当时在广州军区总医院搞活动，我作为志愿者参加了成立仪式。"翁耀佳回忆，他和其他志愿者到现场听完专家讲解，才知道红十字会和骨髓库还要组织现场参与者进行血样采集，留血样加入骨髓库。翁耀佳的内心先是一阵忐忑：该不该把血样留下？但他转念一想，刚才专家说配型成功的概率非常低，"我从小到大买彩票都没有中过，如果真能匹配到，那也是挺有缘分的"。于是，他与众多志愿者一起进行了血样采集。

没想到，5年之后，翁耀佳收到了一个特殊的来电。电话那头问道："翁先生，您2006年在中华骨髓库留过血样，不知道您还有没有印象？"原来，翁耀佳的造血干细胞与一位白血病人配型成功，中华骨髓库致电询问他是否愿意捐献，挽救病人的生命。听到这个消息，翁耀佳一时之间愣住了，这种小概率的事情竟然发生在自己身上，他迟疑着说自己需要先考虑一下，晚点再回复。

"其实当时我也很迷茫，感觉比高考还紧张，很想找个有捐献经验的人好好聊聊。"翁耀佳心里有很多顾虑，不仅是怕疼、担心会对自己的健康造成影响，更是考虑到家人的意见。原来，翁耀佳在大学期间曾经参与无偿献血，但父母得知后非常不赞同，认为血液是人体的精华，抽这么多血出去对身体不好，"当时我妈一个星期都没给我好脸色看"。翁耀佳对此哭笑不得，也有些无奈，父母面对献血尚且如此，要是让他们知道自己还想捐献骨髓，岂不是更加反对了。

回到家之后，翁耀佳不敢和父母讲这件事，就先和妻子商量，虽然他的妻子是医务人员，但对捐献的相关事宜也不甚了解。于是妻子便向

自己的医生同事、老师和同学了解。经了解后他们得知，在有血缘关系的人群中，骨髓相匹配的概率仅为万分之一，而在非血缘关系中寻找到匹配者的概率更是微乎其微，这对于生命垂危的患者来说无异于"重生"的希望。翁耀佳想着，既然配型成功了，也是缘分，更何况这是救人的事情。他立即打电话回复骨髓库，同意捐献。

收到消息的红十字会派出一位志愿者娟姐全程对接，带翁耀佳去医院采集血样做高分辨配型、体检等，为他讲解各项事项。高分辨配型成功、体检合格后，翁耀佳住进了医院。捐献前几天要注射造血干细胞动员剂，这是因为造血干细胞主要存在于人体骨髓组织中，很少参与外周血液循环，通过注射动员剂，造血干细胞就会逐渐"跑"到外周血液中来。不过，这也会使人体外周血内的白细胞增高，可能会出现类似感冒发烧的症状，如肌肉酸痛、低热、乏力等。对此，翁耀佳没有丝毫抗拒和犹豫，自己顶多只是身体有点不适，患者经历的病痛比这难受多了。"既然选择了捐献，就要说到做到。"

捐献那天，翁耀佳从病房到采集室一路上神经紧绷。躺上病床，翁耀佳两侧手臂连接着抽血管，温热的血液通过医疗设备在体外循环，利用血细胞分离机收集其中的造血干细胞，再重新输送回体内，持续几个小时。虽然过程很枯燥，但挽救生命的兴奋和满足感一直萦绕在他的心中。翁耀佳回忆道，整个捐献过程中身体只出现了类似于感冒发烧时的症状，骨头会有一些酸疼，但并不像传言中的那么可怕，"捐献后感觉有些疲惫，但休息几天就好了"。循环的血液像一条充满爱的纽带，将两个人、两颗心紧紧连在一起。

回想起这次捐献，翁耀佳无法忘记一个人，那就是红十字会派来对接的娟姐。刚开始和娟姐接触，翁耀佳的戒备心还是很强的。"娟姐年纪和我妈差不多，真想不到她是做志愿服务，无偿照顾我这个素不相识的捐献者。"翁耀佳心中感慨。在医院的各项检查期间，娟姐忙前忙后；刮风下雨了，娟姐打电话提醒防寒保暖；有疑问时，娟姐耐心解释；担心住院太无聊，娟姐找各种话题陪着聊天……这位志愿者大姐全程像母亲般无微不至的关怀和照顾，翁耀佳看在眼里，感动在心里，他已经放下了当初戒备的心。

让生命之焰接续燃烧——广州市红十字会蓝焰应急辅助志愿服务队队长翁耀佳的故事

和娟姐相处的过程中，翁耀佳了解到娟姐退休后十几年如一日在红会和骨髓库"上班"式的志愿服务经历，了解到红会的工作就是所谓的"三救三献"，即应急救援、应急救护、人道救助和献血液、献造血干细胞、献人体器官组织，他对红会的印象逐渐有了改观，并开始投身到红会的志愿服务活动中。后来，翁耀佳接触到了很多捐献者，也时常看到娟姐忙碌的身影，捐献者们都亲切地喊她"娟妈"。但翁耀佳还是习惯喊娟姐，"娟姐是我走上红十字志愿服务道路的引路人，她像妈妈一样照顾我们，是我自己不想把她喊老了"。翁耀佳笑着解释道。

2011年，翁耀佳捐献造血干细胞挽救白血病人的荣誉证书

由于捐献的相关规定，翁耀佳并不知道到底帮助了谁，只是默默地把生命的火种送给了别人。2012年12月23日，因为此前的受捐赠者病情反复，需要补充淋巴细胞进行增强免疫力的治疗，翁耀佳又进行了第二次捐献。对此，翁耀佳说："他身上现在流着我的血，和我就像兄弟一样。兄弟还需要帮助，我必须再拉他一把。"

陪护宣传，感召服务接力

"太多人对捐献造血干细胞存在误解，其实捐献造血干细胞并没有大家想象的那么恐怖。"因为早前的经历，翁耀佳觉得自己应该做些什么，

守护的青春——记应急救援青年志愿者

让大众更多地了解造血干细胞捐献，尤其是缓解捐献者的迷茫和紧张情绪。此后，他做得最多的一件事，就是利用自己中午休息和下班的时间，探望陪护即将进行捐献的志愿者，与他们分享自己当时的感受和经历。

　　陪护捐献者的想法，最初来源于翁耀佳自己的住院经历。当时同意捐献造血干细胞后，骨髓库询问翁耀佳："广州有两个医院可以做采集，你想去哪个医院？"翁耀佳想都没想就选择了当初留血样入库的广州军区总医院。因为自己的妈妈是医院的职工，自己从小也在那里长大，对环境很熟悉。然而，住院前一天收拾行李时，翁耀佳后悔了："我爸妈就住在医院的宿舍区，要是碰上了他们，我就不好解释了！"瞒着父母来捐献的翁耀佳十分心虚，他无法解释明明是工作时间，自己为什么在这住院。为此，他每天大部分时间都待在病房里，出去吃饭也要戴上帽子、口罩，"跟做贼一样"。病房里没有网络，电视机也坏了，翁耀佳做得最多的事就是看着四面白墙发呆。打针后身体一有不适，他就开始胡思乱想，心中忐忑，不知道自己接下来会经历什么。

　　虽然捐献结束了，但翁耀佳时常和娟姐联系，问候近况。一次聊天时，娟姐提到自己又接了捐献者来住院，翁耀佳一听："我也过去和他聊两句吧！"就跟着娟姐来到病房里，和捐献者聊起了自己的经历和感受，谈谈心、解解闷。当时社会上大部分人对造血干细胞捐献的印象还停留在将针管插入骨头抽骨髓，要忍受极大的痛苦和存在风险。"但其实早就不是这样了。现在的造血干细胞捐献是通过血细胞分离机进行的，从手臂静脉处采集全血，通过血细胞分离机提取造血干细胞，同时将其他血液成分回输体内。与普通成分献血没有太大区别，只不过时间长一点而已，对身体也少有副作用。"翁耀佳讲解道。翁耀佳离开后，娟姐惊喜地发现捐献者脸上的神情轻松了很多，不像刚住院时那么紧张了。捐献者在血液采集时，翁耀佳也会到场陪护，协助分库工作人员做一些力所能及的工作，减轻分库工作人员的压力。一来二去，他做起探访和陪护的事情越来越熟练。

　　2015年，一名与他人骨髓配对成功的潮汕大学生，准备到广州进行造血干细胞捐献。小伙子住院后非常紧张，生怕出什么意外耽搁捐献，连续好几个晚上失眠。"他才18岁刚考上大学，突然受到这么多人的关注,压力很大。"翁耀佳便陪着他聊天进行开导,细心讲解捐献的过程及每个阶段该如何应对,聊了好几个小时,小伙子才放下心来,最终克服心理压力,顺利完成捐献。"捐献期间要独自面对一切未知,我尝过那个滋味,确实不好受,所以希望能尽自己的能力去陪他们聊聊,让他们心里安稳一些。"翁耀佳说。

翁耀佳还曾经接触过一位已经住院准备捐献的捐献者,因患有晕血症,他此前从未献过血,但仍然坚持要进行造血干细胞捐献。"进行造血干细胞捐献,需要每天抽血,此外捐献时抽血的管子环绕全身,除非眼球连转都不转一下,否则不可能不看到血。"翁耀佳就问他:"那你怎么办?"他说,"那我就不看呗。"于是整整四个小时的采集时间,他真的是一直一动不动盯着天花板,成功完成了捐献。这个大男孩坚持捐献的原因也很朴实:都答应了,那就要做。在场的人都深受感动。

一次,翁耀佳陪护完捐献者,顺路回到父母家看望他们。父亲觉得稀奇:"你今天怎么有空回来看我们?"翁耀佳说有个朋友住院了,自己刚从医院出来。没曾想聊了几句就说漏了嘴,翁耀佳只好承认:"其实是有人捐献造血干细胞,我去陪他聊聊天。"父亲皱起眉头:"这关你什么事?""怎么不关我的事?我也捐过。"父母顿时震怒,儿子竟然捐过骨髓,还瞒了那么久!那天,翁耀佳和父母发生了一些争吵,谁也没说服谁。

后来一天晚上,母亲回到家一直掩面哭泣,原来她刚参加完退休职工的聚会,得知一位关系很好的旧同事患上了白血病,治疗过程非常痛苦。翁耀佳在旁边默默地说:"你儿子当初捐献造血干细胞,就是为了救治白血病患者。而且你看,也没有后遗症,我身体一直都挺健康的。"母亲沉默了一会,没有再说什么。从那以后,父母似乎是默许了,再也没拦着翁耀佳做与捐献相关的志愿服务。

渐渐地,翁耀佳不只陪护,而是在造血干细胞捐献志愿服务领域钻研得越来越深。造血干细胞捐献者住院的病房、捐献造血干细胞宣传活动现场、高校红十字会造血干细胞宣讲课堂,甚至是微信、微博、百度贴吧等平台,都留下了翁耀佳志愿服务的足迹。此后,翁耀佳还先后担任了广东省红十字会捐献造血干细胞志愿服务大队队长、广东省造血干

细胞捐献者志愿服务队队长、广东省红十字会监事会监事。后来，他更当选为中国红十字会捐献造血干细胞志愿服务总队第三届总队长、第四届副总队长、第五届顾问，并作为广东省代表到人民大会堂参加了中国红十字会第十次全国会员代表大会。

2015年，翁耀佳到人民大会堂出席中国红十字会第十次全国会员代表大会

"如果捐献者因为害怕或者其他因素而突然弃捐，对于已经在医院等待的患者而言无疑是致命的。"因此，每逢有新的捐献者住进医院备捐，翁耀佳都会在队内发布信息招募探访队员，并为他们排班进行探访给予捐献者关怀。他还和国内其他的成功捐献者一起组建QQ群，为即将捐献的准捐献者和希望了解造血干细胞捐献的网友，建立起一个分享交流捐献经验的网络平台。最令翁耀佳高兴的是，越来越多受到服务队队员如亲人般陪护的成功捐献者，也开始加入到陪护探访的队伍中，继续以自己的热情感染后来者。

为了传播造血干细胞知识、动员青年参与造血干细胞采样，翁耀佳一方面亲自和分库负责培训的导师深入多所高校，在导师做完相关的造血干细胞知识培训后，和现场的大学生进行互动交流，分享自己的捐献经历和经验；另一方面也在服务队发起相关志愿服务的招募。在他身体力行的感召下，广东分库的许多成功捐献者都逐渐从幕后走了出来，积极地参与到高校宣讲活动中去。直到现在，翁耀佳还经常在网上搜索相关的帖子和问答，为想了解造血干细胞捐献的热心群众，以及进入配型采集阶段后仍然忐忑不安的捐献者及时科普和解答。

"如果捐献自己的造血干细胞能为患者播下'生命的种子'，能挽救那个即将逝去的生命和即将破碎的家庭，那么即使有再多障碍和困难要克服也是值得的。"翁耀佳表示，他愿意在造血干细胞捐献志愿服务的道路一直走下去。

安全教育，筑牢生命防线

如果说捐献造血干细胞是翁耀佳接触红十字会的开端，那么之后的志愿服务经历则让翁耀佳和红十字会的缘分越来越深。

2006年，广州市区的社会治安并不算十分好，大街小巷、公交车站等场所经常会有小偷甚至飞车抢夺的情况出现。于是，一群热血的广州市民组成了一个广州义务反扒QQ群，希望能以一己之力推动社会治安的进步。翁耀佳也加入了QQ群，在之后的几年里，他协助有关部门抓获各类盗抢犯罪嫌疑人二十余人。后来，义务反扒QQ群加入了当时的广州青年志愿者协会，成为协会下属的一支总队，名为长治久安志愿服务总队。翁耀佳继续跟随总队参与各类与社会治安宣传有关的活动，例如平安站台安全宣传活动等，在此期间还参加了当时四川抗震救灾物资运送的志愿活动，获得了"抗震救灾优秀志愿者"的荣誉称号。

随着社会经济的发展，社会治安形势日益好转。广州街头相关的"两抢"及偷盗情况也日渐减少。翁耀佳当时所属的长治久安志愿服务总队逐渐开始转型，成立了一支全新的志愿服务队伍——平安广州志愿服务总队。队伍在志愿服务实践中逐步探索出了既符合组织性质又具特色的品牌活动，包括早期的"平安驿站""义务巡逻"等服务式活动，持续开展的"社区安全宣传""平安校园建设"等宣传培训类项目，以及创新开设的"穿越火线""冲出毒阵"等体验式安全教育品牌项目，有效提升了群众的安全防范意识，锻炼了逃生本领。

守护的青春——记应急救援青年志愿者

2020 年 12 月 24 日凌晨,广州市天河区龙口西路一小区发生火灾,附近不少街坊都表示很害怕。火灾发生的起因初步怀疑是一住户在室内使用大功率电器烘干小孩的衣物,该住户所在楼层和上下两层都受到牵连。作为平安广州志愿服务总队教官的翁耀佳及时开展宣传科普,提醒群众烘干衣物前要将衣物尽量脱水,"如果衣物比较湿,有水滴下来,很容易让电器有漏电的情况发生";使用大功率电器烘干衣物时,不能长时间离开,更不能过夜,"必要的时候可以设个闹钟";大功率电器不能与其他电器共用一个拖线板,"有些家庭为了方便,一个拖线板插着几个电器,譬如电热毯、电暖器这些都是大功率的电器,共用插座插头很容易造成拖线板的短路"。另外,如果发现大功率电器起火,要第一时间断电,在拨打 119 的同时尽快离开现场,以免危及人身安全。

随着应急救援知识的积累和技能的提升,翁耀佳从原来单纯地参与和社会治安有关的志愿服务活动,逐渐拓展到参与社会生活各方面与安全有关的专业事务与活动,包含消防安全、水上安全、交通安全、防暴反恐、地震防踩踏以及毒品安全,活动范围遍布广州市区及周边地市,服务人群覆盖了幼儿园、小学、中学、大学、党政机关、公司企业甚至老人院等。翁辉佳坚持不懈地深入到以上人群中进行安全教育专业服务活动,受惠的社会群众均对此表示极大的肯定和充分的认同。

翁耀佳经常参加社区的志愿服务活动,一次偶然的机会,他结识了一群来社区做消防知识宣传的志愿者。由于大部分消防员要备勤、训练,宣传科普活动就需要一些志愿者来协助。翁耀佳跟他们交流的次数多了,觉得挺有意思,就问:"你们下次搞活动能不能喊上我?"对方说没问题,于是每次消防活动都喊上他。久而久之,大家发现志愿者之中有一些很有培训经验的人,例如翁耀佳,讲解起消防知识时绘声绘色,群众反响特别好。

后来,翁耀佳加入广东省蓝焰消防职业培训学院担任讲师,带领这些志愿者组成蓝焰应急辅助队,开展消防知识宣讲与技能培训。2019 年以后,队伍越来越多地参与到了各类应急救援事务之中,功能不断扩展,翁耀佳也接触到了很多红十字会下属的救援队伍。有人就提议:"我们做的服务类型其实差不多,要不你们队伍也加入红十字会吧!"其实,翁耀

让生命之焰接续燃烧——广州市红十字会蓝焰应急辅助志愿服务队队长翁耀佳的故事

佳也深刻地感受到自己未来的服务理念和红十字会"三救三献"工作越发不谋而合，出于对生命的敬畏和对专业的需求，他们一拍即合，向广州市红十字会递交了加入红十字会志愿者工作委员会的申请。2021年12月，在翁耀佳的不懈努力下，经由广州市红十字会执委会批准，"广州市红十字会蓝焰应急辅助志愿服务队"正式成立，成为广州市红十字会志愿服务队伍大家庭中的一员。

2021年，翁耀佳在社区开展消防宣传活动

蓝焰应急辅助志愿服务队坚持继承和发扬"人道、博爱、奉献"的红十字精神，多年来开展各类救援演练、培训与宣讲活动，广泛普及应急救护知识和技能，切实提高群众的自救互救能力。2022年1月，广州一间餐馆里，一位顾客吃饭的时候不小心被食物卡住喉咙，试图扣喉却无法排出，情况相当危急。店员黄先生立刻冲过来，利用海姆立克急救法火速救人。急救30秒后，卡喉食物被成功排出。翁耀佳在媒体采访中科普："事件中该顾客的扣喉自救方式是错误的。如果能出声可以咳嗽，证明属于不完全气道异物梗阻，这时我们需要拍击他的背部，鼓励他主动咳嗽，将异物咳出来。但如果他属于完全气道异物梗阻，双手扼住喉咙出不了声，脸憋得涨红发紫甚至发青，这个时候要立刻实施海姆立克急救法。"并通过视频传授海姆立克急救法的具体操作方式。科普视频发出后，群众纷纷转发学习。

由于服务活动种类繁多，面向服务人群的年龄层次、文化水平差异较大，因此如何面向不同层次的服务人群传授安全教育知识成了翁耀佳所面临的亟须解决的问题。为了解决这个问题，翁耀佳首先在提升个人专业能力方面下苦功夫。他通过系统学习和参与相关培训，通过了CRT综合救援资格考核，取得了美国心脏协会（AHA）救护员以及红十字会救护培训师资、国家应急救援员等专业资格证书。

同时，翁耀佳根据不同年龄、不同文化层次水平的人群特点，不断尝试学习和发展不同的授课方式和方法。由于曾有一段社会工作专业经历，他在面对长者等群体进行授课交流时有着先天的优势，一口一个"老友记"，通过家常聊天式的对话，总是能让长者们有着和家人聊天般的亲切感。面对中学生，翁耀佳不只讲现象，还讲原理、做实验，把安全知识讲座变成有意思的科普互动。另外，为了融入小朋友的世界，更好地为幼儿园的小朋友们传授安全知识，他专门到幼儿园向老师取经，学习儿歌、游戏，并且将这些巧妙地融入专业安全知识当中去，取得了良好的服务效果。接受过翁耀佳相关安全教育的群众，无论长幼，面对他都会佩服地竖起大拇指。

2018年，翁耀佳在幼儿园开展安全教育活动

让生命之焰接续燃烧——广州市红十字会蓝焰应急辅助志愿服务队队长翁耀佳的故事

随时随地，冲在救援一线

"听你讲救援课听得多了，挺有意思的，但你真的有救过人吗？"接触翁耀佳不久的人常常会有这个疑问。对此，翁耀佳回答："我们目前的工作是以灾前预防教育为主，出队的任务归属应急管理局和红十字会管理。真正需要我们出手的时候，我们还是会出队的，之前也曾经参加过许多类型的救援任务。"

2018年台风"山竹"来袭时，服务队正在街道轮班备勤。翁耀佳收到了换班回家的队员发来的消息，反馈说雨下得太大，珠江水已经开始倒灌，附近有些居民楼都被淹了。翁耀佳立即和队员商量，向应急管理局和街道报备，同时前去协助救援。先是留下几个队员值班，其他队员戴上头盔、穿上救生衣和雨衣，给橡皮艇充了气，拖着一条橡皮艇就出发。到了滨江路，即使已有心理准备，翁耀佳还是被眼前的景象吓了一跳——江水倒灌到居民区，水深至腰腹处，一些比较低洼的地方甚至淹到人的胸口，"我上次见到珠江水倒灌还是读小学的时候，倒灌水位也只是刚刚漫上江边的马路到脚踝左右"。来不及多说，沿路的居民楼都有不少群众在楼内和马路边上被困，翁耀佳就和队员一同用橡皮艇把受困的群众转移到地势较高的位置。

突然，有群众向翁耀佳求救，说还有居民被困在1楼，情况非常危急。翁耀佳立刻驱动救生艇前往，进楼之后发现受困群众是一位残疾老人，身型较胖，卡在椅子上无法动弹，水已经漫到他胸口接近喉咙的位置了。老人难以呼吸，仰头张着嘴，露出绝望的表情。不能再等了！翁耀佳判断，已来不及寻找其他工具帮老人摆脱椅子，干脆和队员一起使劲，打算连人带椅抬出来。然而，这个过程实在是太艰难了，水很深、行动阻力很大，老人和椅子的重量加在一起十分沉重，队员们好不容易才抬起来。天色昏暗，水里漆黑一片，但路上的台阶很多，队员们好几次都险些摔倒，只能用自己的身体紧紧地贴着、托举着椅子，不让老人有受伤的风险。最后费了九牛二虎之力，终于把受困群众抬上救生艇离开。

2018年，翁耀佳参与"山竹"台风救援行动

这次救援以后，翁耀佳发现了椅子的重要性，"我们以往的救护培训经常会用到的一个设备，叫担架。但是在实际救援中，不是所有情况都有担架或者适合用担架，最方便的工具可能是椅子"。后来的一次事件，让翁耀佳更加坚定这个想法。那时队伍在南沙区的一个社区开展消防安全宣讲，居委会办公楼3楼有一位孕妇忽然陷入昏迷，不省人事，翁耀佳初步判断是休克昏迷，必须尽快就医。他们立即拨打了120急救电话，救护车到达后，问题却来了——楼里没有电梯，孕妇昏迷行动不了，队员怕碰撞到孕肚也不能背着她走，救护车上人手也不太够，该怎么将她转移到楼下？翁耀佳看向办公室里自带滑轮的办公椅，灵机一动，将孕妇搬至办公椅上，和队员、孕妇的丈夫三个人一起连人带椅子抬到楼下，送上救护车。经过及时救治，孕妇已无大碍，队员也向翁耀佳反馈了椅子的方便和实用。

翁耀佳还经历过两次意外的救援事件。一次是扑救山火，当时翁耀

让生命之焰接续燃烧——广州市红十字会蓝焰应急辅助志愿服务队队长翁耀佳的故事

佳正带领队员在基地后面的山坡上开展山岳救援训练，突然看到不远处有浓烟升起。他立刻靠近查看情况，发现山坡上着火，目测燃烧面积有20多平方米，如果不及时控制，山火会在短时间内扩散。由于现场缺乏灭火的装备设施，翁耀佳先是拨打119火警电话请消防队前来处理，然后带领队员用较粗的树枝尽量打散着火的枯枝落叶，减少可燃物，并在周边清理出一条临时的防火隔离带，减缓山火蔓延速度。然而，浓烟逐渐转黑，现场变得越来越危险，队员们没有戴呼吸器和面罩，只能用衣服捂住口鼻，用科学的方法尽力扑灭山火。十几分钟后，消防队赶到现场，山火得以彻底扑灭。多亏了翁耀佳与队员及时遏制火情，才没有让这场火险加剧。

还有一次，翁耀佳与队员在高速公路上行驶时，前方发生车祸。一辆小轿车追尾货车，小轿车的车头被撞得凹陷进去，安全气囊弹出，把司机卡在了驾驶室。碰巧的是，队员们刚开展完消防演练，车上配置了灭火器、急救箱、担架等装备，而且队员们也接受过车辆被困人员救援的培训。于是，翁耀佳把车停靠在路边，安排一部分队员在周围疏导交通，另一部分队员则检查司机情况看能否开展救援。他们先检查司机的伤情，得知基本都是皮外伤，没有骨折，脊椎、颈椎等未受伤。于是，翁耀佳与队员将安全气囊放气，解开安全带，把司机从驾驶室缓慢挪出来，并给伤口做了简易包扎。惊险过后，司机对队员们感激不尽，庆幸自己遇见了这帮热心肠的专业人士。

身体力行，投身红十字事业

曾经，翁耀佳是那个对红十字会充满怀疑的人。而现在，翁耀佳尽己所能，努力改善大众对红十字会的印象。每每听到他人对红十字会不信任的话语，翁耀佳都会主动站出来澄清与解释。

"人道、博爱、奉献"是红十字的精神，"三救三献"是红十字的工作。做一次服务和工作并不难，难的是持之以恒地做相关的服务工作。

守护的青春——记应急救援青年志愿者

对此,翁耀佳并没感觉到疲惫和厌倦,相反,他感受到更多的是心灵上的愉悦。他认为,通过自己的努力,能让更多的社会大众认识红十字会精神,了解红十字会工作,甚至带动其投身到红十字会事业中来,即使前路有再多障碍和困苦也是值得的。

"从2011年捐献干细胞到现在,跟红十字会结缘已经满十年了,现在准备向下一个十年迈进。"翁耀佳自豪地说。继续以自己的力量推动红十字会事业前行,是翁耀佳今后参与工作和志愿服务活动的最大目标,也是他实现人生价值的重要方式。他将继续带领团队走在应急救援的道路上,初心如磐,赓续前行,栉风沐雨也不动摇,勇做新时代的应急救援志愿服务先锋。

后　　记

2023年是毛泽东等老一辈革命家为雷锋同志题词六十周年。习近平总书记提出"让雷锋精神在新时代绽放更加璀璨的光芒，为全面建设社会主义现代化国家、全面推进中华民族伟大复兴凝聚强大力量。"雷锋精神与志愿精神本就一脉相承，发端于20世纪60年代的雷锋精神，如今仍激发着人们把有限的生命投入到无限的为人民服务中去。在时代演进中，当年的雷锋早已化身为当下千千万万个志愿者。他们用点点爱心书写人间大爱，用凡人善举传递温暖力量，身体力行地诠释雷锋精神与时代同行的内核力量。

历时近一年，《守护的青春——记应急救援青年志愿者》一书终于面世。该书凝聚了诸多青年志愿者和志愿服务工作者的心血，书中一个又一个拯救生命、抢险救难的感人故事，不仅呈现出应急救援志愿服务的专业与艰辛，更是见证了应急救援志愿者的坚毅与成长，充分彰显了"人民至上"的价值理念和志愿精神的无穷魅力。采写应急救援志愿服务事迹是一项极有意义但任务繁重的工作，得益于各方的鼎立支持，在此感谢广东省志愿者行动指导中心（广东省希望工程服务中心）、广东省志愿者联合会、广州市文明办、广州市志愿者行动指导中心、广州市志愿服务发展中心等单位对该项工作的鼎力支持，感谢丛书顾问——广东省志愿者联合会会长顾作义对采写工作提出宝贵意见，感谢广东高等教育出版社正式出版及编辑团队、出版团队的执着奉献，感谢全程参与采写工作的三位大学生志愿者——华南师范大学社会工作专业2019级洪琪、华南师范大学日语专业2021级伍嘉明、广州大学社会工作专业2021级研究生刘慧琳，感谢对接受采访的应急救援青年志愿者、给予修改意见的专家们、关注本项工作的合作机构以及广大读者，感谢为该项工作付出辛勤劳动的作者团队——广州市团校（广州志愿者学院）王静老师、何艳棠老师，华东理工大学在读博士匡梦叶。青年朝气干劲足，志愿服务正当时。2023年是全面贯彻落实党的二十大精神的开局之年，也是中国青年志愿者行动发起实施30周年。我们深信，在党中央领导下，我国青年志愿服务事业必将实现高质量发展，全社会必将掀起一股强劲的志愿之风，绽放出朵朵绚丽的文明之花！

编 者

2023年10月